A serviço da assembleia celebrante:

a preparação e a celebração da eucaristia

SÉRIE PRINCÍPIOS DE TEOLOGIA CATÓLICA

Rua Clara Vendramin, 58 . Mossunguê
CEP 81200-170 . Curitiba . PR . Brasil
Fone: (41) 2106-4170
www.intersaberes.com
editora@intersaberes.com

Conselho editorial
Dr. Alexandre Coutinho Pagliarini
Drª Elena Godoy
Dr. Neri dos Santos
Dr. Ulf Gregor Baranow

Editora-chefe
Lindsay Azambuja

Gerente editorial
Ariadne Nunes Wenger

Assistente editorial
Daniela Viroli Pereira Pinto

Preparação de originais
Luciane Helena Gomide

Edição de texto
Gustavo Piratello de Castro
Camila Rosa

Capa e projeto gráfico
Iná Trigo (*design*)
Tatiana Kasyanova/Shutterstock (imagem)

Diagramação
Carolina Perazzoli

Equipe de *design*
Charles L. da Silva
Sílvio Gabriel Spannenberg

Iconografia
Celia Kikue Suzuki
Regina Claudia Cruz Prestes

1ª edição, 2019.
Foi feito o depósito legal.

Informamos que é de inteira responsabilidade do autor a emissão de conceitos.

Nenhuma parte desta publicação poderá ser reproduzida por qualquer meio ou forma sem a prévia autorização da Editora InterSaberes.

A violação dos direitos autorais é crime estabelecido na Lei n. 9.610/1998 e punido pelo art. 184 do Código Penal.

Dados Internacionais de Catalogação na Publicação (CIP)
(Câmara Brasileira do Livro, SP, Brasil)

Koller, Felipe Sérgio
    A serviço da assembleia celebrante: a preparação e a celebração da eucaristia/Felipe Sérgio Koller. Curitiba: InterSaberes, 2019. (Série Princípios de Teologia Católica)

    Bibliografia.
    ISBN 978-85-5972-954-2

    1. Celebrações litúrgicas 2. Eucaristia – Celebração 3. Liturgia – Igreja Católica I. Título. II. Série.

19-23273   CDD-264.36

Índices para catálogo sistemático:
1. Preparação e celebração da eucaristia: Cristianismo   264.36

Cibele Maria Dias – Bibliotecária – CRB-8/9427

A serviço da assembleia celebrante:

a preparação e a celebração da eucaristia

Felipe Sérgio Koller

Sumário

Apresentação, 7
Organização didático-pedagógica, 11
Introdução, 15

1		Critérios preliminares, 19
1.1	Liturgia e encontro, 23	
1.2	Liturgia e comunidade, 26	
1.3	Liturgia e celebração, 29	
1.4	Liturgia e transformação, 34	
1.5	Liturgia e Tradição, 38	
2		A preparação da celebração eucarística, 55
2.1	O Missal Romano, 58	
2.2	O Lecionário, 76	
2.3	O pão e o vinho, 82	
2.4	Os objetos e os paramentos, 86	
2.5	O espaço litúrgico, 103	

3   O rito da celebração eucarística, 121
3.1   Ritos iniciais, 125
3.2   Liturgia da Palavra, 132
3.3   Liturgia Eucarística: preparação dos dons e oração eucarística, 138
3.4   A Liturgia Eucarística: rito da comunhão, 146
3.5   Ritos finais, 150

Considerações finais, 163
Lista de siglas, 167
Referências, 169
Bibliografia comentada, 175
Apêndices, 177
Respostas, 187
Sobre o autor, 189

Apresentação

> "A liturgia é precisamente
> entrar no mistério de Deus;
> deixar-se levar ao mistério
> e estar no mistério."
>
> Papa Francisco (2014b)

A liturgia, ensina o Concílio Vaticano II, é "simultaneamente a meta para a qual se encaminha a ação da Igreja e a fonte de onde promana toda a sua força" (SC, n. 10). Ela é o espaço que a comunidade reunida em nome de Jesus abre para que Deus se manifeste e toque os fiéis com o seu amor.

Nela, cada cristão deve tomar parte ativamente – e não se trata aqui de uma imposição que vem de fora, já que a celebração do mistério pascal é a expressão mais genuína do encontro de Deus com seu povo. Como escreve o Padre Zezinho (2017, p. 136),

Fiz um sinal da cruz e disse:
— Não é o principal sinal dos católicos.
Fiz mais gestos, como abraçar, abençoar e ia dizendo:
— Nem este, nem este.
Finalmente peguei um pão, o reparti e distribuí entre os presentes e disse:
— Este, é o gesto que todos os dias a Igreja faz na missa. É o gesto que pode mudar o mundo!

É a Páscoa de Jesus: não apenas a transubstanciação do pão e do vinho no seu Corpo e no seu Sangue, mas, nesse gesto, a conversão da violência em amor (Papa Bento XVI, 2005b). Em sua missão de revelar-nos o rosto misericordioso do Pai, Jesus destrói a brutalidade a ele infligida ao esvaziá-la, fazendo da cruz e da morte o sinal inegável de um Deus que nos ama (LF, n. 15-16). Pão repartido para a vida do mundo, Jesus testemunha um Deus que se doa até o fim, que prefere voltar-se contra si mesmo a voltar-se contra seus filhos (DCE, n. 10) e, precisamente assim, revela sua natureza (Os 11,8-9), que é o amor (1Jo 4,16).

Para que a liturgia possa, em seus sinais sensíveis, manifestar a beleza do amor de Deus, cada comunidade conta com uma equipe que se dedica especialmente ao serviço litúrgico. É para os cristãos que desempenham esse serviço ou que se sentem chamados a ele que este livro foi escrito. São coordenadores dos diversos ministérios litúrgicos, responsáveis pela liturgia em algum movimento ou em uma nova comunidade, ministros extraordinários da comunhão eucarística, coroinhas, acólitos, leitores, salmistas, cantores. Os livros litúrgicos se referem a essas diversas funções com o nome genérico de *ministros*, isto é, servidores.

São cristãos fiéis à tradição da Igreja, mas não são meros aplicadores de normas nem cerimonialistas. São criativos e proativos, mas não são inventores de ritos nem promotores de opções arbitrárias ou inconsequentes. Sobretudo, não desempenham seu serviço como

funcionários, com frieza e mero "fazer por fazer": são discípulos missionários conscientes da centralidade da liturgia na vida da Igreja e desejosos de tornar a experiência litúrgica da sua comunidade sempre mais viva e fecunda.

Neste livro, vamos conhecer melhor como a Igreja organiza a liturgia, segundo o rito romano, detendo o nosso foco na celebração eucarística. Primeiramente, observaremos alguns critérios de discernimento da práxis celebrativa de nossas comunidades, que constituirão o Capítulo 1.

No Capítulo 2, abordaremos aspectos ligados à preparação da eucaristia: os livros litúrgicos, o espaço celebrativo e os elementos necessários para a celebração. No Capítulo 3, perpassaremos o rito da celebração eucarística em sua riqueza de sinais, descrevendo como os diversos ministérios devem desempenhar seu serviço. Em cada capítulo, você contará com atividades de autoavaliação e de aprendizagem, bem como uma coletânea de trechos dos Padres da Igreja e de escritores eclesiásticos sobre a liturgia. No fim do livro, apresentaremos as características de duas circunstâncias específicas: a liturgia da Semana Santa e o rito da bênção com o Santíssimo Sacramento.

Conhecer bem os gestos e as palavras por meio dos quais a celebração eucarística se desenvolve é uma exigência para que desempenhemos bem o nosso ministério a serviço da assembleia celebrante. Que o serviço da liturgia seja para o cristão um serviço a Deus, que é amor e que tem sede de se dar aos seus filhos e aos seus irmãos em sua comunidade, que têm vontade de realizar um encontro vivo com Ele. Que ele seja louvado em nossa vida!

Organização didático-pedagógica

Esta seção tem a finalidade de apresentar os recursos de aprendizagem utilizados no decorrer da obra, de modo a evidenciar os aspectos didático-pedagógicos que nortearam o planejamento do material e como o aluno/leitor pode tirar o melhor proveito dos conteúdos para seu aprendizado.

Introdução do capítulo

Logo na abertura do capítulo, você é informado a respeito dos conteúdos que nele serão abordados, bem como dos objetivos que o autor pretende alcançar.

Síntese

Você dispõe, ao final do capítulo, de uma síntese que traz os principais conceitos nele abordados.

Atividades de autoavaliação

Com estas questões objetivas, você tem a oportunidade de verificar o grau de assimilação dos conceitos examinados, motivando-se a progredir em seus estudos e a se preparar para outras atividades avaliativas.

Atividades de aprendizagem

Aqui você dispõe de questões cujo objetivo é levá-lo a analisar criticamente determinado assunto e aproximar conhecimentos teóricos e práticos.

Bibliografia comentada

Nesta seção, você encontra comentários acerca de algumas obras de referência para o estudo dos temas examinados.

Introdução

Para começar a falar do serviço litúrgico e da preparação das celebrações, é importante voltar um pouquinho no tempo. Mais precisamente, até a década de 1960. Em outubro de 1958, o patriarca de Veneza, Angelo Roncalli, foi eleito papa e assumiu o nome de João XXIII. Como já tinha certa idade – 77 anos –, pensava-se que o seu pontificado seria curto e sem maiores surpresas. Até que, três meses depois de ser eleito, João XXIII anunciou que convocaria um concílio ecumênico, isto é, uma grande assembleia reunindo os bispos católicos do mundo inteiro.

O Concílio Vaticano II, como foi chamado – depois do Concílio Vaticano I, que ocorreu entre 1869 e 1870 –, prolongou-se de 1962 até 1965, em quatro grandes sessões. O próprio Papa João XXIII morreu em 1963, após a primeira sessão, sendo sucedido por Giovanni Battista Montini, que, com o nome de Paulo VI, levou o concílio até o fim e promulgou os seus 17 documentos conclusivos.

A finalidade do concílio, como indicou o Papa João XXIII – canonizado pelo Papa Francisco em 2014 – em seu discurso de abertura, era revisar a doutrina da Igreja para que, mantendo-se a fidelidade ao seu conteúdo, ela fosse "aprofundada e exposta de forma a responder às exigências do nosso tempo" (CVII, 1962). Por isso, entre os assuntos prioritários do concílio estava a liturgia.

De fato, o primeiro documento promulgado pelo concílio, em dezembro de 1963, foi a *Constituição conciliar sobre a sagrada liturgia*, intitulada *Sacrosanctum Concilium* (SC). Nela, os padres conciliares constataram a necessidade de uma reforma geral do rito romano, pois o que estava então em vigor, cuja regulamentação remontava à constituição apostólica *Quo Primum* (QP), assinada pelo Papa Pio V – sob o influxo do Concílio de Trento – em 1570, tinha sofrido, ao longo dos anos, a introdução de uma gama de elementos que desfiguraram em parte a natureza da celebração eucarística. É o que reconheceu o Concílio Vaticano II:

> Na verdade, a Liturgia compõe-se duma parte imutável, porque de instituição divina, e de partes susceptíveis de modificação, as quais podem e devem variar no decorrer do tempo, se porventura se tiverem introduzido nelas elementos que não correspondam tão bem à natureza íntima da liturgia ou se tenham tornado menos apropriados.
>
> Nesta reforma, proceda-se quanto aos textos e ritos, de tal modo que eles exprimam com mais clareza as coisas santas que significam, e, quanto possível, o povo cristão possa mais facilmente apreender-lhes o sentido e participar neles por meio de uma celebração plena, ativa e comunitária. (SC, n. 21)

A reforma exigida pela *Sacrosanctum Concilium* começou efetivamente em janeiro de 1964, quando o Papa Paulo VI instituiu uma comissão de bispos e especialistas para esse fim. Pouco a pouco, foram feitas pequenas alterações na celebração eucarística segundo o rito romano até que, em 1969, o Papa Paulo VI promulgou o novo Missal Romano, com a constituição apostólica *Missale Romanum* (Missal Romano). Nos anos seguintes, ocorreu a revisão dos outros ritos e a publicação dos novos rituais. Esses documentos são a base para todo o conteúdo que veremos neste livro.

É claro que todo o processo de reforma da liturgia não durou apenas os poucos anos entre a promulgação da *Sacrosanctum Concilium* e a do Missal Romano. Tratou-se de um caminho iniciado no final do século XIX por uma série de teólogos e comunidades e que pouco a pouco foi assumido também pelos papas, sobretudo a partir de São Pio X, que, entre outras medidas, estimulou o retorno à comunhão frequente, a preocupação com o canto litúrgico e a publicação de missais para a assembleia acompanhar os ritos e as orações litúrgicas. Chamamos a esse caminho, ainda em curso, dos quais são personagens teólogos, comunidades e papas, de *movimento litúrgico*.

Vale destacar que a reforma pedida pelo Concílio Vaticano II constituiu muito mais uma restauração do que uma inovação (Béguerie; Bezançon, 2016). O desenvolvimento do movimento litúrgico esteve estreitamente vinculado a outra corrente da mesma época: o movimento patrístico, que redescobriu a vitalidade dos ensinamentos dos Padres da Igreja e, junto com o litúrgico, retomou o contato com os documentos que contam como vivia a Igreja dos primeiros séculos cristãos. É o que foi chamado de *volta às fontes* ou, no termo francês que se popularizou, *ressourcement*.

É nesse caminho que cada um de nós se insere hoje. Como membros do serviço litúrgico de nossas comunidades, esse é o nosso dever: desempenhar o ministério de tal maneira que, em sua simplicidade, beleza e fidelidade ao Evangelho, a celebração eucarística revele com todo o fulgor possível o rosto de Deus e, assim, crie comunidades santas, isto é, que vivem do amor e para o amor.

1
Critérios preliminares

Um erro frequente das paróquias é conceber a formação litúrgica como formação sobre as normas litúrgicas. É fácil atestar que se trata de um erro quando vemos os resultados disso: embates entre grupos que se orgulham de saber as normas e obedecer a elas e outros que pensam de forma diferente; celebrações engessadas que não levam em conta as particularidades da comunidade e o momento que ela vive em sua caminhada de fé; formação de fiéis que se tornam paranoicos com o cumprimento das normas em qualquer celebração de que participem; entre outros. Basta parar um pouco para refletir para então se dar conta de que as normas são importantes, mas não são o conteúdo essencial na experiência litúrgica. Elas são um meio, e não um fim. Devem ser compreendidas, discernidas e correspondidas com vistas a um fim que não é seu mero cumprimento.

A própria edição atual da *Instrução Geral do Missal Romano* (IGMR), nossa principal referência normativa para a celebração eucarística, reconhece isso ao trazer não apenas as rubricas mas também o seu sentido. A IGMR e as outras instruções dos livros litúrgicos atuais são, no dizer de Aldazábal (2012, p. 23), "autênticos 'diretórios' teológico-pastorais" – ao contrário de seus equivalentes do passado, que se restringiam ao aspecto puramente normativo. Uma genuína formação litúrgica não pode, portanto, reduzir-se à assimilação de algumas normas. Se nos ativermos apenas a elas, correremos até mesmo o risco de fazer da observância das normas uma espécie de ídolo, que esconderá a face do Deus verdadeiro que quer se dar a nós na celebração litúrgica.

É claro que em um livro como este, que se propõe a abordar os aspectos práticos do serviço litúrgico, não é possível explorar longamente em que consiste a liturgia em si mesma, com toda a sua riqueza. Entendemos que esta obra será mais bem aproveitada se o leitor já tiver essa base. Para isso, fazemos remissão ao livro *Tocados pelo mistério de Deus-Amor: uma introdução à liturgia* (Koller, 2018). Ainda assim, isso não significa que devemos passar direto às normas. Mesmo os aspectos práticos não se reduzem a elas. Por isso, neste primeiro capítulo, abordaremos algumas inter-relações que envolvem a liturgia e que servem de fundamentação e de critério para a prática litúrgica, seja na assembleia celebrante, seja no desempenho de algum ministério. Os critérios que apresentaremos não estão rigorosamente em ordem de importância, tampouco pretendem ser uma lista fechada. São, em vez disso, indicações pertinentes que não podemos perder de vista ao discernir a práxis celebrativa de nossas comunidades.

1.1 Liturgia e encontro

O essencial na liturgia não é a norma, mas **o encontro com o Deus vivo**. É nela que esse evento acontece, ou melhor, ela é esse encontro. O Concílio Vaticano II diz que a liturgia é "o exercício da função sacerdotal de Cristo" (SC, n. 7). O Cristo, verdadeiro Deus e verdadeiro homem, é o único mediador entre o Pai e a humanidade, o único e eterno sacerdote, o único templo da nova aliança: o lugar do encontro entre Deus e os seres humanos. A liturgia acontece, pois, em Cristo: a descrição de lugar do encontro entre Deus e a humanidade vale tanto para ela quanto para ele.

Assim, a liturgia não é apenas ação humana, é também ação divina. No entanto, não se trata de dois polos que concorrem igualmente para a ação litúrgica: a ação divina e a ação humana são **uma só ação em Cristo**. E, aqui, quando mencionamos *Cristo*, nos referimos ao Cristo total: cabeça e membros. Ou seja, não somente a ação litúrgica é toda dirigida a Deus; não somente é o próprio Deus que, além disso, suscita em nós o louvor litúrgico; mas toda a nossa ação como batizados e batizadas está inserida na ação de Deus. A nossa vida é uma só com a vida do Filho; o nosso louvor é um só com o louvor do Filho; a nossa oblação é uma só com a oblação do Filho; a nossa eucaristia – ação de graças – é uma só com a eucaristia do Filho.

No coração da Igreja, a liturgia faz com que a nossa fé não seja apenas uma bela ideia transmitida de geração em geração. Vale lembrar o que disse o Papa Bento XVI em sua primeira encíclica, *Deus Caritas Est* (DCE): "Ao início do ser cristão, não há uma decisão ética ou uma grande ideia, mas o encontro com um acontecimento, com uma Pessoa que dá à vida um novo horizonte e, desta forma, o rumo decisivo" (DCE, n. 1). A liturgia torna esse encontro concreto, palpável.

O Papa Francisco explica bem isso na encíclica *Lumen Fidei* (LF):

> Para transmitir um conteúdo meramente doutrinal, uma ideia, talvez bastasse um livro ou a repetição de uma mensagem oral; mas aquilo que se comunica na Igreja, o que se transmite na sua Tradição viva é a luz nova que nasce do encontro com o Deus vivo, uma luz que toca a pessoa no seu íntimo, no coração, envolvendo a sua mente, vontade e afetividade, abrindo-a a relações vivas na comunhão com Deus e com os outros. Para se transmitir tal plenitude, existe um meio especial que põe em jogo a pessoa inteira: corpo e espírito, interioridade e relações. Este meio são os sacramentos celebrados na liturgia da Igreja: neles, comunica-se uma memória encarnada, ligada aos lugares e épocas da vida, associada com todos os sentidos; neles, a pessoa é envolvida, como membro de um sujeito vivo, em um tecido de relações comunitárias (LF, n. 40).

É claro que se pode encontrar Deus de muitas maneiras. Ele está presente em cada pessoa, sobretudo naquela que necessita de ajuda. Além disso, sua presença enche toda a Criação. Santa Teresa de Jesus (1515-1582) lembrava que, mesmo "na cozinha, entre as panelas", o Senhor pode ser encontrado (*As fundações* V, 8). Na liturgia, porém, esse encontro se dá mesmo palpavelmente, de maneira concreta: a liturgia é o toque do mistério de Deus-Amor. A liturgia é, assim, um "âmbito comunicativo complexo, no qual o evento do mistério pascal se realiza de modo simbólico-ritual, envolvendo todo o corpo do sujeito em uma dinâmica que requer inteligência sensível e sensibilidade inteligente" (Grillo, 2017, p. 30). É significativo, aliás, que a imagem que abre a seção do *Catecismo da Igreja Católica* (CIC, 1992) sobre a liturgia seja precisamente a cena evangélica da cura da hemorroíssa (Mt 9,20-22; Mc 5,25-24; Lc 8,43-48), em que o toque ocupa o lugar central. Diz o Papa Francisco (2017):

> É muito importante voltar aos fundamentos, redescobrir aquilo que é essencial, através do que se toca e se vê na celebração dos

Sacramentos. O pedido do apóstolo São Tomé (cf. *Jo*, 20,25), para poder ver e tocar as chagas dos pregos no corpo de Jesus, é o desejo de poder de alguma forma "tocar" Deus para acreditar nele. O que São Tomé pede ao Senhor é aquilo de que todos nós precisamos: vê-lo e tocar nele para o poder reconhecer. Os Sacramentos vêm ao encontro desta exigência humana. Os Sacramentos, e a celebração eucarística de maneira especial, são os sinais do amor de Deus, os caminhos privilegiados para nos encontrarmos com Ele.

Compreender, pois, que a liturgia existe como espaço de encontro com Deus é o **primeiro critério** para discernir a prática litúrgica. Quando celebramos a eucaristia, o objetivo não é cumprir um preceito ou ter um momento psicologicamente terapêutico durante a semana, mas encontrar Deus e deixá-lo nos tocar. Quando servimos em algum ministério na liturgia, o objetivo não é atrair a atenção para nós, cumprir regras ou ser criativos, mas proporcionar o encontro entre Deus e seu povo. A celebração pode ser escrupulosamente obediente a cada norma litúrgica ou pode ser uma experiência atraente produzida por uma comunidade supercriativa. Contudo, em um caso ou em outro, se não proporcionar o encontro com o Deus vivo, de que ela serve?

Isso não significa simplesmente garantir a validade da celebração eucarística, dentro de uma lógica que considere que, se Cristo está presente na eucaristia, então o encontro com ele se realiza independentemente de outros fatores. Para que a liturgia se valha de toda a sua força, é necessário celebrá-la de tal maneira que o encontro com Deus-Amor envolva a todos e seja perceptível, experimentado. Não basta a ideia de que Deus está presente; o que caracteriza a liturgia são justamente os sinais sensíveis que acolhem e comunicam a presença e a ação de Deus. Podemos ter essa experiência em uma celebração feita quase de improviso, com poucos recursos, no meio de uma peregrinação, e igualmente na Basílica de São Pedro, em uma cerimônia presidida pelo papa. Nos dois casos, porém, o que está em jogo é colocar os sinais sensíveis – elementos materiais, gestos, palavras, silêncio, música – a serviço da presença de Deus e do encontro com ele.

Certamente, você mesmo consegue se lembrar de celebrações que desvelaram de maneira especial a presença de Deus e de outras em que, pelo contrário, tudo parecia opaco. No entanto, ainda um pequeno ponto é necessário antes de passarmos ao próximo tópico: é importante saber discernir entre o rastro de um autêntico encontro com o Senhor e as sensações agradáveis quaisquer que se produzem dentro de nós. O Papa Bento XVI (2007a) dizia que "o sinal de que verdadeiramente rezamos, de que tivemos o encontro com Cristo, é que somos 'pelos outros'". Não é tão raro confundir a experiência da presença de Deus com a catarse de uma celebração despudoradamente emotiva ou com o prazer elitista de participar de liturgias refinadas. Se experimentamos, porém, o encontro com Deus-Amor, o fruto será o **amor**: a conversão da existência para uma existência "para os outros", que enxerga e venera o Deus que habita em cada pessoa e em toda a Criação.

1.2 Liturgia e comunidade

A Igreja é um povo sacerdotal, que forma o próprio corpo de Cristo, único e eterno sacerdote. Assim, cada batizado e batizada participa de seu sacerdócio – é o que chamamos de *sacerdócio batismal* ou *sacerdócio comum dos fiéis*. Dizer, portanto, que a liturgia é o exercício da função sacerdotal de Cristo é dizer que ela é exercício do sacerdócio cristão. A liturgia não é, pois, "coisa de padres", mas diz respeito a todos os que receberam o batismo – é esse sacramento que nos consagra para "o culto religioso cristão" (CIC, n. 1273) e no qual "É toda a *comunidade*, o corpo de Cristo unido à sua Cabeça, que celebra" (CIC, n. 1140).

Dessa forma, "toda a assembleia é 'liturga', cada qual segundo a sua função, mas 'na unidade do Espírito' que age em todos" (CIC, n. 1144). Isso tudo não apenas nos afasta do nocivo clericalismo que reduz a assembleia à condição de espectadora de uma ação realizada apenas pelo presidente, mas diz também algo fundamental sobre a natureza da própria Igreja: é reunida em assembleia litúrgica que a Igreja exprime melhor seu próprio rosto. Na verdade, as próprias palavras *assembleia* e *Igreja* são intercambiáveis: *igreja* vem do grego εκκλησία (*ekklesía*), que significa precisamente "convocação, assembleia" – de καλέω (*kaléo*), *chamar* (CIC, n. 751). Assim, se a Igreja é sinal e instrumento da unidade do gênero humano (LG, n. 1), a assembleia litúrgica é a expressão visível da Igreja – nela, "carregamos em nós a semente, o germe, o embrião da unidade de toda a humanidade" (Buyst, 2012, p. 35).

Por isso, a liturgia é uma realidade essencialmente **comunitária**. Podemos até mesmo dizer que não há liturgia sem assembleia (Castellano, 2008, p. 222). É o que denuncia o próprio termo *liturgia*, que significa "obra do povo", "serviço público" – do grego λειτουργία (*leitourgía*), termo composto por λειτον (*leiton*, "público", de λαός, *laós*, "povo") e ἔργον (*ergon*, "obra") (Celam, 2005, p. 15). Nesse sentido, o magistério insiste que a celebração dos sacramentos seja ordinariamente feita de forma comunitária (SC, n. 27). A eucaristia celebrada apenas pelo presbítero é um caso limite, permitido apenas em circunstâncias muito específicas.

É por isso também que não podemos entender a **participação ativa** dos fiéis – um ponto ressaltado pelo Concílio Vaticano II – como "uma concessão nem [como] uma medida pastoral para alimentar a piedade cristã", e sim como "algo que pertence à própria natureza da Igreja, Esposa de Cristo que fala ao Esposo" e à "própria natureza da liturgia, que é oração de Cristo, com seu corpo, ao Pai" (Celam, 2004, p. 133). Na verdade, o concílio chega a dizer que a participação ativa é necessária para assegurar a eficácia da liturgia (SC, n. 11). A superabundância da liturgia, em sua comunicação do mistério por meio de sinais sensíveis, é dom aberto a todos.

O concílio designa essa participação como "plena, consciente e ativa" (SC, n. 14), "frutuosa" (SC, n. 11); "tanto interna como externa" (SC, n. 19); "comunitária" (SC, n. 21), "perfeita" (SC, n. 41), "piedosa" (SC, n. 50) e "fácil" (SC, n. 79). Todas essas características se complementam. Portanto a participação ativa é plena, ou seja, interior e exterior, e totalizante: envolve toda a pessoa, inclusive sua dimensão relacional – por isso, é comunitária.

Assim, a dimensão comunitária da liturgia, inserida na compreensão da Igreja como assembleia sacerdotal, é o **segundo critério** de discernimento da prática litúrgica que apresentamos.

É verdade que toda celebração litúrgica, mesmo uma eucaristia ministrada apenas por um presbítero, é uma celebração de toda a Igreja. No entanto, cerimônias assim são muito menos eficazes em expressar, por meio de sinais sensíveis, a dimensão comunitária do povo de Deus. Por isso, não podemos ser displicentes com a índole comunitária da liturgia, imaginando que a celebração ideal seria meramente a justaposição de muitos fiéis que, isoladamente, rezam com intensidade, e "espiritualmente" se unem ao mistério celebrado, sem necessidade de unidade afetiva e efetiva entre si. Uma visão assim trairia a própria natureza da liturgia e da Igreja, que é a de ser assembleia, ser εκκλησία, ser povo. Dessa forma, ficaria obnubilada a mística social do sacramento, sem a qual não é possível compreendê-lo; como diz o Papa Bento XVI, "posso pertencer-lhe [a Cristo] somente unido a todos aqueles que se tornaram ou tornarão Seus" (DCE, n. 14).

Essa questão perpassa os mais diversos ritos litúrgicos. Podemos perceber que o matrimônio tem se parecido mais com uma cerimônia privada do que com uma celebração da Igreja, quase como se o templo fosse apenas o cenário alugado para o evento. Em muitos lugares, com base em uma praticidade que em nada edifica a comunidade, o batismo é feito sempre fora da celebração eucarística, isolado da participação da comunidade – mesmo que justamente a inserção em um corpo, o corpo de Cristo. Isso serve também para a reconciliação: vale a pena estimular as celebrações penitenciais comunitárias, durante as quais o povo celebra unido à misericórdia de Deus, com confissão e absolvição individuais.

É nesse sentido que Dionísio Borobio (2009, p. 49) afirma: "Diz-me como celebras e te direi como crês e fazes Igreja". Isso não é nenhum segredo. Basta pensarmos nas vezes em que visitamos outras comunidades e participamos de suas celebrações: o ambiente celebrativo revela o modelo de Igreja que rege cada comunidade. Participando das cerimônias, percebemos como a comunidade entende a sua relação com Jesus Cristo, como valoriza a rica diversidade de ministérios com que o Espírito cumula a Igreja, como inicia seus membros na vida em Cristo, como vive o protagonismo dos leigos etc. No serviço litúrgico em comunidade, é preciso também levar tudo isso em consideração. Qual modelo eclesial inspira as opções litúrgicas das celebrações? Que Igreja as celebrações da comunidade estão formando? Ou, ainda: As celebrações estão formando uma comunidade ou apenas alimentando subjetivismos e individualismos que são o avesso do Evangelho?

1.3 Liturgia e celebração

Já usamos numerosas vezes até aqui a palavra *celebração*. O que é *celebrar*? "Celebrar é expressar o mistério em ação ritual" (Buyst, 2011, p. 26) e "significa potencializar a forma ritual, vivenciá-la com todo o nosso ser, para que assim sejamos atingidos e transformados pelos mistérios que celebramos" (Buyst, 2011, p. 18). Essas definições nos inserem naquele que, como já aludimos anteriormente, é o campo próprio da liturgia: o campo da sensibilidade, da ritualidade e da corporeidade. É o que chamamos de **sacramentalidade** da liturgia.

Sacramentum é um termo latino que foi usado para traduzir o grego *mysterium*. Apesar disso, há uma pequena diferença de nuance entre um termo e outro, pois enquanto *mistério* designa a grande realidade que é celebrada na liturgia, *sacramento* refere-se precisamente aos sinais sensíveis que ao mesmo tempo revelam e escondem uma realidade invisível – o mistério (Buyst; Silva, 2003, p. 112).

A liturgia é composta por **sinais sensíveis**, que "significam e, cada um à sua maneira, realizam a santificação dos homens" (SC, n. 7). Segundo Grillo (2017, p. 44, grifo do original), "a identidade de Cristo não pode ser apreendida plenamente só com estratégias doutrinais ou morais: tem necessidade também de **estratégias rituais**". Como vimos, exatamente por isso a liturgia é o "meio especial" pelo qual a Igreja "transmite na sua Tradição viva [...] a luz nova que nasce do encontro com o Deus vivo" (LF, n. 40). Seguindo a lógica da história da salvação, a liturgia é uma realidade encarnada: nela, a presença e a ação de Deus são acolhidas, desveladas e transmitidas por meio de elementos materiais, gestos e tudo o mais o que interpela nossos sentidos.

Mastigar o pão, sorver o vinho, impor as mãos, sentar-se em atitude de escuta, imergir na piscina batismal, ungir, transmitir em um beijo a paz de Cristo, caminhar em procissão, persignar-se – são precisamente esses processos, que envolvem claramente a matéria e o corpo, que constituem a ação litúrgica. Tudo isso é **materialidade** e **corporeidade**, que se tornam mediações – as únicas possíveis – para a nossa relação com Deus. "Sendo o homem um ser ao mesmo tempo corporal e espiritual, exprime e percebe as realidades espirituais por meio de sinais e de símbolos materiais" (CIC, n. 1146). Na verdade, "não há qualquer ação espiritual ou psíquica que não envolva a corporeidade. Portanto, não há outro lugar ou meio para fazer a experiência de Deus e nos encontrar com ele, a não ser em nossas experiências corporais" (Buyst; Silva, 2003, p. 118). Por isso, é possível dizer que "o mais verdadeiro da fé se realiza somente na concretude do corpo" (Borobio, 2009, p. 29).

Esses elementos são sinais precisamente porque não se reduzem, apenas à matéria em si mesma. Eles estão carregados de significados antropológicos, culturais, bíblicos e cristãos. A nossa vida está permeada deles – não apenas na liturgia. Quando um indivíduo dá flores à namorada, trata-se de um sinal, porque esse gesto não se reduz a si mesmo, mas comunica algo que não se vê, que só se percebe por meio daquilo que se vê. Da mesma maneira, na história da salvação, elementos da natureza como a água e o fogo e gestos da nossa vida social como a unção e a partilha do pão se tornam "o lugar de expressão da ação de Deus" (CIC, n. 1148). Ao significado cultural desses gestos são acrescentadas novas camadas de sentido e eles se tornam sinais da salvação: indicações da aliança e de Cristo.

Aliás, a própria pessoa de Jesus Cristo é "o sinal essencial e definitivo" da comunicação de Deus com os seres humanos (Celam, 2004, p. 152). Na encarnação, Deus se fez "sinal sensível": podemos tocar em Jesus, vê-lo e ouvi-lo. Por isso, Cristo "é o sacramento original e fontal" (Celam, 2004, p. 152), cuja força se faz presente em toda ação litúrgica. Desvelando sua presença, abrindo-nos a seu toque e possibilitando o nosso encontro com Cristo, os sinais litúrgicos significam e realizam nossa salvação – que é justamente a experiência de comunhão com Deus-Amor.

São sinais eficazes e instrumentos da nossa salvação. E isso não se dá por mágica nem por automatismo, mas por meio de "um processo de comunicação significativa" (Buyst, 2011, p. 52). É precisamente nesse sentido que o **terceiro critério** para o discernimento da prática litúrgica das comunidades é a qualidade comunicativa dos sinais litúrgicos. "O mistério nos atinge (ou não!) dependendo da expressividade na realização do rito. A comunicação do mistério passa por gestos e palavras sugestivas, expressivas, isto é, através de uma linguagem que toca nosso ser por inteiro" (Buyst, 2011, p. 41).

Como já vimos, a participação ativa na liturgia – que é como a outra face da moeda da expressividade do sinal litúrgico – é condição para a eficácia plena da celebração (SC, n. 11). É possível, então, dizer que a eficácia da liturgia depende "da qualidade do anúncio da 'palavra da salvação', capaz de suscitar uma resposta de fé, e da qualidade significativa e comunicativa do sinal, do rito" (Buyst, 2011, p. 37).

Aqui entra a questão da **veracidade** do sinal, isto é, sua autenticidade, sua expressividade (Buyst, 2011). A IGMR (n. 321), por exemplo, pede que o pão usado na eucaristia "pareça realmente um alimento" (IGMR, n. 321) e possa ser partido e distribuído. Infelizmente, nossas celebrações sofrem de uma espécie de minimalismo nada saudável, em que o pão, por razões meramente práticas e econômicas, não parece pão; o vinho é o mínimo e não é dado aos fiéis; ninguém vê o óleo da crisma, reduzido a pequenas gotas em um pedaço de algodão; a assembleia está disposta muitas vezes como plateia e não como quem participa e celebra; o batismo deixou de ser um banho há muito tempo; entre outros problemas. Porém, se o mistério se faz acessível por meio de sinais sensíveis, precisamos senti-los.

Essa ênfase nos sinais está longe do que chamamos, de modo crítico, de *ritualismo*. É bom esclarecer essas nomenclaturas. Os ritos são os gestos e as palavras que constituem a celebração litúrgica. *Ritual* é um conjunto sistematizado de ritos – a palavra também dá nome aos livros que contêm os rituais: *Ritual de Bênçãos*, *Ritual do Matrimônio*, *Ritual do Exorcismo*, entre outros. A *ritualidade* é a dimensão ritual da liturgia, "trabalho expressivo, comunicativo, simbólico", que "envolve todas as dimensões do ser humano que realiza o rito". Já o ritualismo é a degeneração da ritualidade: é quando o rito é "reduzido a formalismo, a exterioridade, sem dimensão simbólica" ou como mero fetiche

(Buyst, 2011, p. 51). O perigo do ritualismo está sempre à espreita, seja em tendências ditas *conservadoras*, seja nas consideradas *progressistas*. Borobio (2009, p. 30) elenca algumas precauções que podem nos ajudar a não cair nesse perigo:

> "Moderação ritual", empregando os ritos em ritmo e momentos adequados; "sobriedade e discrição", uma vez que não se trata de uma repetição gesticulante ou teatral; "habitabilidade", ou seja, fazer da ação ritual um momento de paz, acolhida, verdade, comunicação e esperança; "vigilância", com a revisão permanente da eloquência dos ritos e de sua sintonia com a fé e a sensibilidade do povo; "distância crítica", quer dizer, submeter e aceitar a crítica que sobre nossa ação ritual pode fazer a assembleia por diversos meios.

Já Grillo (2017) lembra que frequentemente situamos nossa discussão em uma oposição binária entre a **indiferença pela forma**, típica do progressismo, e a **formalização da forma**, característica do tradicionalismo, quando, na verdade, o movimento litúrgico e o Concílio Vaticano II sublinham a dimensão simbólico-ritual da forma, que não a desmerece em favor de uma abordagem racionalista, como a primeira leitura, nem a cristaliza em fórmula, como faz a segunda.

A isso também se vincula a questão da **beleza** na liturgia. Ela "não é um fator decorativo da ação litúrgica, mas seu elemento constitutivo, enquanto atributo do próprio Deus e da sua revelação" (SCa, n. 35). O Papa Paulo VI dizia que "liturgia e arte são irmãs" (1967, tradução nossa). Aqui entende-se a beleza "não enquanto mero esteticismo, mas como modalidade com que a verdade do amor de Deus em Cristo nos alcança, fascina e arrebata, fazendo-nos sair de nós mesmos e atraindo-nos assim para a nossa verdadeira vocação: o amor" (SCa, n. 35).

Certamente podemos perceber por experiência quando a suposta na liturgia a torna opaca e quando, ao contrário, a verdadeira beleza torna presente o mistério. Nesse caso, a beleza é ícone; no outro, é ídolo. Florenskij (2012, p. 110-116, tradução nossa) dá um fundamento preciso para discernir a verdadeira beleza: "A verdade manifestada é o amor. O amor realizado é a beleza. [...] A minha vida espiritual, a minha vida no Espírito, o meu tornar-me 'semelhante a Deus' é beleza – aquela da criatura originária da qual se diz: 'E Deus viu que tudo o que havia feito era muito bom' (Gn 1,31)". Na liturgia, portanto, a humilde beleza dos sinais sensíveis potencializa a sua força comunicativa, tornando presente o toque de Deus-Amor que nos faz viver como remidos, como filhos.

1.4 Liturgia e transformação

No começo deste capítulo, recordamos que o fruto do encontro com Deus-Amor é o **amor** – uma existência voltada para os outros. Vimos também que a **eficácia** da liturgia precisa ser nosso horizonte fundamental. Uma liturgia eficaz é aquela que gera pessoas que amam, que forma cristãos – e "ser cristão significa essencialmente passar do ser em prol de si mesmo para o ser em prol dos outros", segundo Ratzinger (2015, p. 187). Vale destacar que a qualidade comunicativa dos sinais sensíveis que compõem a liturgia e a participação ativa dos fiéis na celebração são condições para essa eficácia. Agora, vamos nos aprofundar na compreensão da força transformadora da liturgia.

A eficácia da liturgia, segundo o Concílio Vaticano II, "não é igualada por nenhuma outra ação da Igreja" (SC, n. 7). É verdade que os sacramentos têm uma eficácia própria, no sentido de que realizam verdadeiramente aquilo que pretendem, como o perdão dos pecados, no caso do sacramento da penitência, ou a configuração Cristo-cabeça, no caso do sacramento da ordem. Contudo, essa é só a primeira parte do processo. A nossa acolhida à graça – que é a própria presença salvífica de Deus – deve ser tal que realmente nos modifique. Na transformação de cada um de nós e de nós todos está a eficácia final da liturgia. E é aí que a vemos plenamente entretecida com outros âmbitos de nossa vida, já que o processo de nossa transformação ocorre precisamente no diálogo entre a liturgia e a vida.

Essa eficácia, como dissemos, não é mágica, mas **relacional** – como a da mulher que é curada ao tocar Jesus, ainda que uma multidão tenha esbarrado nele (Mc 5,31). "Por meio da sua encarnação, com a sua vinda entre nós, Jesus tocou-nos e, através dos sacramentos, ainda hoje nos toca; desta forma, transformando nosso coração, permitiu-nos – e permite-nos – reconhecê-lo e confessá-lo como Filho de Deus" (LF, n. 31). Esse é o modo ordinário de Deus agir: ele não só fala, não só transmite uma ideia, mas nos toca. Tocar é um processo que envolve todo o nosso ser (LF, n. 40), que aproxima, cria relação e encontro (Buyst, 2011, p. 177-178). Sem a celebração litúrgica, a celebração de toda a Igreja no Espírito, corremos o risco de transformar Jesus em uma ideia, incapaz de nos tocar, que não corresponde ao verdadeiro Cristo. A liturgia é o lugar por excelência do encontro pessoal com Jesus, que é a experiência fundante do ser cristão (DCE, n. 1). O Papa Bento XVI (SS, n. 26) afirma que:

> O homem é redimido pelo amor. [...] O ser humano necessita do amor incondicionado. [...] Se existe este amor absoluto com a sua certeza absoluta, então – e somente então – o homem está "redimido", independentemente do que lhe possa acontecer naquela circunstância. É isto o que se entende, quando afirmamos: Jesus Cristo "redimiu-nos". Através d'Ele nos tornamos seguros de Deus – de um Deus que não constitui uma remota "causa primeira" do mundo, porque o seu Filho unigénito se fez homem e d'Ele pode cada um dizer: "Vivo na fé do Filho de Deus, que me amou e Se entregou a Si mesmo por mim" (Gl 2,20).

O encontro com Deus-Amor é transformador. A experiência do amor torna o indivíduo semelhante à pessoa amada – é nisso que consiste a transformação que a liturgia opera em nós. "Transformados por este amor, recebemos olhos novos" (LF, n. 4). Tocados pelo amor de Deus, não podemos não amar o próximo, que é contemplado com o mesmo olhar amoroso. "A história do amor entre Deus e o homem consiste precisamente no fato de que esta comunhão de vontade cresce em comunhão de pensamento e de sentimento e, assim, o nosso querer e a vontade de Deus coincidem cada vez mais" (DCE, n. 17). É precisamente por isso que no âmbito cristão "a habitual contraposição entre culto e ética simplesmente desaparece. No próprio 'culto', na comunhão eucarística, está contido o ser amado e o amar, por sua vez, os outros" (DCE, n. 14).

A transformação do ser humano em sua individualidade, porém, não é suficiente. Não é o fim do processo. Aliás, sequer é verdadeira se não transforme suas relações, já que os indivíduos são seres relacionais. Basta olhar o sinal sacramental da eucaristia: todos comem do mesmo pão, bebem do mesmo cálice, sentam-se à mesma mesa. O horizonte da eucaristia é mais amplo do que o da comunhão individual com Cristo no pão e no vinho consagrados. O seu fim é a unidade do corpo, como explica Santo Tomás de Aquino (ST III, 73,3). "Tornamo-nos 'um só corpo', fundidos todos numa única existência" (DCE, n. 14). Assim, ingressamos na realização de nossa vocação à comunhão.

> porque recebemos o mesmo Senhor e Ele nos acolhe e nos atrai para dentro de si, somos uma só coisa também entre nós. Isto deve manifestar-se na vida. Deve mostrar-se na capacidade do perdão. Deve manifestar-se na sensibilidade pelas necessidades do próximo. Deve manifestar-se na disponibilidade para partilhar. Deve manifestar-se no compromisso pelo próximo, tanto pelo que está perto como pelo que está externamente distante, mas que nos diz sempre respeito de perto. (Papa Bento XVI, 2005b)

A liturgia faz dos cristãos **um só corpo**, o corpo de Cristo que se coloca amorosamente a serviço da humanidade, como no lava-pés. Esse corpo é pão repartido para a vida do mundo. A transubstanciação eucarística não é uma ação isolada de Deus, mas parte de um processo de transformações – o elo de uma cadeia: ela se origina da transubstanciação da violência em entrega que aconteceu na cruz e está a serviço da transubstanciação do mundo em amor – "até àquela condição em que Deus será tudo em todos (1 Cor 15,28)" (Bento XVI, 2005). Sinal da transformação é o uso dos elementos da Criação na liturgia: a água, o óleo, o fogo, o incenso e, sobretudo, o trigo e a uva, tornados eucaristia. No pão e no vinho estão presentes a criação de Deus e a realidade humana – são "fruto da terra e do trabalho humano", como se diz na preparação dos dons. Dessa maneira, são sinais da vocação do ser humano e do mundo: o cultivo humano da criação em oferta a Deus, tornando seu amor presente em tudo.

Curiosamente, outro aspecto fundamental de qualquer ato celebrativo é sua **gratuidade**. A celebração não é pragmática, não tem uma utilidade prática, mas é caracterizada pela festa, pela alegria plena e simples por se estar na presença de quem se ama – a Trindade e a comunidade. Paradoxalmente, é quando transcorre em fidelidade à sua natureza, isto é, na gratuidade e no desinteresse, que a celebração de fato muda algo. É a celebração do mistério, que é Deus-Amor. O amor é assim: sempre desinteressado, mas precisamente dessa maneira toca e transforma. É nessa ótica que a força transformadora da liturgia representa o **quarto critério** para discernir a prática litúrgica. Trata-se de voltar o olhar para as pessoas – nós mesmos – e para a comunidade que nossa liturgia está gerando como uma forma de avaliar a nossa práxis celebrativa. O caminho, porém, não é conceber o serviço à liturgia como uma fábrica de pessoas melhores, e sim retornar à sua gratuidade originária – acolher o dom da Trindade Santa e geradora de vida nova.

1.5 Liturgia e Tradição

É muito pouco dizer que a liturgia precisa ser fiel à Tradição, pois a liturgia é precisamente o âmbito em que se comunica a Tradição em seu sentido mais profundo, como a transmissão da experiência cristã (LF, n. 40; Grillo, 2017). É importante lembrar a diferença entre a Tradição, no sentido que acabamos de usar, e as diversas e fragmentárias tradições humanas, que às vezes enriquecem ou escondem a experiência do mistério.

A liturgia está no coração da **Tradição** na medida em que os ritos nucleares por ela transmitidos conferem à Igreja sua própria identidade. É precisamente por isso que em sua estrutura básica esses ritos não podem ser alterados (Borobio, 2009). Uma liturgia fiel à Tradição é, assim, precisamente uma prática que possibilita mais plenamente a experiência desses ritos. Foi para isso que o Concílio Vaticano II ordenou uma reforma na liturgia do rito romano: não para inovar, mas para restaurar uma celebração à qual se acrescentaram no decorrer dos séculos diversos valores que obnubilaram a Tradição (Beguérie; Bezançon, 2016).

O **tradicionalismo**, portanto, é inimigo da Tradição, pois a identifica com uma forma específica e engessada do passado – e aliás, com frequência, de um passado relativamente recente. O conhecimento da história da liturgia nos auxilia a discernir a que mentalidade se devem os modelos de celebração que vemos hoje ou que sonhamos implantar em nossas comunidades. Há muitos elementos com os quais nos acostumamos na liturgia e que achamos existirem há muito tempo, mas que têm apenas 600, 400 ou 100 anos, e eram, portanto, completamente desconhecidos no primeiro milênio da história da Igreja. O movimento litúrgico buscou justamente redescobrir a liturgia desses primeiros séculos cristãos, ou seja, voltar às fontes para revitalizar a prática litúrgica atual.

Com isso, redescobriu-se a índole que caracteriza o **rito romano** em meio à riqueza da diversidade litúrgica na Igreja: a sobriedade, a concisão, a comunitariedade e a praticidade; em síntese, uma "nobre simplicidade" (SC, n. 34). As orações da tradição romana evitam a linguagem dramática, sentimental, e dizem tudo com muita simplicidade, sobriedade e naturalidade, sem afetação. Evitam-se "penduricalhos" litúrgicos, elementos supérfluos e teatralidade.

Para nos localizarmos, é bom saber que convivem na Igreja três grandes famílias litúrgicas. No Oriente, dependendo do patriarcado de origem – Antioquia ou Alexandria –, existem as famílias antioquena e alexandrina. O primeiro grupo divide-se em siríaco ocidental, que compreende os ritos siríaco de Antioquia, maronita e malankar; em siríaco oriental, que compreende os ritos caldeu e malabar; e em capadócio, que compreende os ritos bizantino e armênio. O segundo grupo, o alexandrino, abrange os ritos copta e etiópico.

No Ocidente, o rito romano é hegemônico. Como a evangelização da América, da África, da Oceania e do leste da Ásia se deram junto com um processo de colonização europeia, o rito romano é vivido hoje por cerca de 98% dos católicos do mundo. Conservam-se ainda alguns outros ritos dentro da família litúrgica romana, de modo muito localizado, como o rito moçárabe, em Toledo, na Espanha; o rito bracarense, em Braga, em Portugal; o rito ambrosiano, próprio da Igreja de Milão, na Itália; e o rito cartuxo, usado pela ordem monástica homônima.

Quadro 1.1 – Famílias e ritos litúrgicos

Família litúrgica	Grupo	Rito	Localização principal
Família antioquena – Ligada a Pedro, que foi o primeiro bispo de Antioquia antes de ir a Roma.	Síriaco ocidental	Síriaco de Antioquia	Líbano, Síria, Iraque
		Maronita	Líbano
		Malankar	Kerala, na Índia
	Siríaco oriental	Caldeu	Iraque
		Malabar	Kerala, na Índia
	Capadócio	Bizantino	Ucrânia, Rússia, Bálcãs, Síria
		Armênio	Armênia
Família alexandrina – Ligada a Marcos, primeiro bispo de Alexandria.		Copta	Egito
		Etiópico	Etiópia
Família romana – Ligada a Pedro, primeiro bispo de Roma.		Romano	Europa Ocidental, América, África, Oceania, Sudeste Asiático
		Moçárabe	Toledo, na Espanha
		Bracarense	Braga, em Portugal
		Ambrosiano	Milão, na Itália

A Tradição comunicada na história segundo a herança de uma família litúrgica é o cenário no qual entra em jogo outro elemento importante para o nosso discernimento: a **autoridade/disciplina**. Na verdade, aprender a se referir àquilo que é recebido do passado e ao papel desempenhado pela autoridade é indispensável em qualquer processo formativo-educativo (Grillo, 2017). As normas litúrgicas, ou rubricas, são responsabilidade da autoridade eclesial e estão a serviço da Tradição, que, por sua vez, é comunicação de uma experiência.

A obediência às normas não é um fim em si mesmo. Sobre isso, Grillo (2017, p. 58) faz uma boa comparação:

> Nós, muitas vezes, tratamos os ritos como se tirássemos a carteira de motorista para aplicar o código de trânsito: entra-se no carro, para-se no vermelho do semáforo; ao sinal de pare, se para em todo caso; para ultrapassar se liga a seta... No retorno para casa se pode exclamar satisfeitos: "Bem, quarenta e cinco normas também hoje as apliquei bem!".

As normas não têm a função de engessar a celebração. A obediência incondicional e cega a elas correria o risco de se tornar um obstáculo à experiência litúrgica (Grillo, 2017). A observância deve ser feita, ao contrário, com discernimento, entendendo que nem todas as normas têm o mesmo peso e que fatores contextuais podem exigir adaptações, além de sempre ter em vista o sentido de cada rubrica, pois esse de fato não pode ser desatendido. Segundo Grillo (2017, p. 59),

> As rubricas rituais [...] dizem que, a um certo ponto, deve-se abrir os braços e olhar para a assembleia; mas pensar de ter celebrado quando se abriram os braços e se olhou para a assembleia significaria fixar-se no meio sem alcançar o alvo. O objetivo é um ato extraordinariamente intenso de comunhão, mediado por coisas mais simples que o normal, das mãos, dos olhos, do pão, da água, da pedra, do vinho, das vestes coloridas, mas que são mais profundas do que os nossos conceitos.

É nesse contexto de discernimento que entra a questão da **inculturação**. Na medida em que a cultura é algo vivo e está sempre em transformação, os ritos também estão sujeitos a adaptações, dado que "A riqueza insondável do mistério de Cristo é tal que nenhuma tradição litúrgica pode esgotar-lhe a expressão" (CIC, n. 1201). Por isso, "Não é desejo da Igreja impor, nem mesmo na liturgia, a não ser quando está em causa a fé e o bem de toda a comunidade, uma forma única e rígida, mas respeitar e procurar desenvolver as qualidades e dotes de espírito das várias raças e povos" (SC, n. 37). A comunidade local desempenha certo papel no processo de inculturação, pois precisa ter em mente seu contexto particular ao realizar certas opções celebrativas. O Catecismo reconhece que "com e pela sua cultura humana própria, assumida e transfigurada por Cristo, que a multidão dos filhos de Deus tem acesso ao Pai, para o glorificar num só Espírito" (CIC, n. 1204).

Outros processos mais extensivos podem ser viabilizados pela autoridade competente – a Igreja local ou universal. As dioceses da República Democrática do Congo, por exemplo, celebram segundo o uso zairense do rito romano, com características próprias, que incluem uma dança em torno do altar durante o hino *Glória* e a invocação dos santos e dos antepassados na entrada (início da missa). Já as comunidades católicas provenientes da tradição anglicana podem celebrar no rito romano segundo seu uso, que recolhe as características próprias da Igreja da Inglaterra. Esses usos preservam ao mesmo tempo a unidade da família litúrgica romana, a fidelidade à sua raiz apostólica e a necessidade de uma prática ritual condizente com cada cultura.

Essas inter-relações entre Tradição, história, autoridade, disciplina e inculturação são o **quinto critério** de discernimento da prática litúrgica. Nesse sentido, são importantes as seguintes reflexões: A liturgia de uma comunidade está presa a modelos dos últimos séculos – precisamente aqueles que tornaram a reforma litúrgica uma necessidade? Ou ela bebe da fonte da Tradição, que permite à liturgia ser fiel à sua natureza e comunicar a experiência cristã? Ou, ainda, ela vai além da obediência à norma, enxergando-a não como um fim, mas como um meio? Os ritos litúrgicos dizem algo à comunidade concreta ou estão emoldurados em cacoetes, automatismos e ideologias que os tornam mudos?

Síntese

Neste capítulo, vimos que a formação litúrgica não é formação sobre normas litúrgicas. O essencial na liturgia não é a norma, mas o encontro com o Deus vivo. A liturgia não é apenas ação humana: é ação divina. Contudo, não se trata de dois polos que concorrem igualmente para a ação litúrgica: a ação divina e a ação humana são uma só ação em Cristo. E, aqui, quando mencionamos *Cristo*, nos referimos ao Cristo total: cabeça e membros. Cada batizado e batizada participa do sacerdócio de Cristo – é o que chamamos de *sacerdócio batismal* ou *sacerdócio comum dos fiéis*.

Dizer, portanto, que a liturgia é o exercício da função sacerdotal de Cristo é dizer que ela é exercício do sacerdócio cristão. A liturgia não é, pois, "coisa de padres", mas diz respeito a todos que receberam o batismo. Por isso, a liturgia é uma realidade essencialmente comunitária. A participação ativa dos fiéis, tão ressaltada pelo Concílio Vaticano II, não é uma concessão, mas algo que reflete a natureza da liturgia. Na verdade, o concílio chega a dizer que a participação ativa é necessária para assegurar a eficácia da liturgia (SC, n. 11).

Constituída de sinais que se comunicam com os sentidos humanos, é graças à liturgia que a fé não é apenas uma bela ideia transmitida de geração em geração. Na liturgia, o encontro com Deus se dá concretamente, de forma palpável: a liturgia é o toque do mistério de Deus-Amor.

Quando é celebrada a eucaristia, o objetivo não é cumprir um preceito ou ter um momento psicologicamente terapêutico durante a semana, mas encontrar Deus e deixar-se tocar por ele. O serviço em algum ministério na liturgia não tem como objetivo atrair a atenção para si, cumprir regras ou ser criativo, mas proporcionar o encontro entre Deus e seu povo.

Para que a liturgia se valha de toda a sua força, é necessário celebrá-la de tal maneira que o encontro com Deus-Amor envolva a todos e seja perceptível, experimentado. Não basta a ideia de que Deus está presente. O que caracteriza a liturgia são justamente os sinais sensíveis que acolhem e comunicam a presença e a ação de Deus. Celebrar é potencializar a natureza simbólico-ritual da liturgia. Seguindo a lógica da história da salvação, a liturgia é uma realidade encarnada: nela, a presença e a ação de Deus são acolhidas, desveladas e transmitidas por meio de elementos materiais, gestos e tudo o mais o que interpela os sentidos humanos. Daí a importância da veracidade do sinal. Da qualidade comunicativa dos sinais depende a eficácia da liturgia.

Uma liturgia eficaz é aquela que gera pessoas que amam e forma cristãos. O fruto do encontro com Deus-Amor é o amor – uma existência voltada para os outros. É verdade que os sacramentos têm uma eficácia própria, no sentido de que realizam verdadeiramente aquilo que pretendem, como o perdão dos pecados, no caso do sacramento da penitência, ou a configuração Cristo-cabeça, no caso do sacramento da ordem. No entanto, essa é só a primeira parte do processo. A acolhida à graça – que é a própria presença salvífica de Deus – deve ser tal que realmente transforme as pessoas. Na transformação de cada um e de todos está a eficácia final da liturgia, que não é mágica, mas relacional. É o encontro com Deus-Amor que é transformador. Tocados pelo amor de Deus, não há como não amar o próximo, que é contemplado com o mesmo olhar amoroso.

A liturgia faz dos cristãos um só corpo, o corpo de Cristo, que se coloca amorosamente a serviço da humanidade, como no lava-pés. Esse corpo é pão repartido para a vida do mundo. Podemos, assim, dizer que os ritos nucleares transmitidos pela Tradição conferem à Igreja sua própria identidade. Por isso, a liturgia está no coração da Tradição. As normas litúrgicas estão a serviço da Tradição, que é viva. Dessa maneira, a obediência a elas não é um fim em si mesmo. Encontro, comunidade, celebração, transformação e Tradição são, assim, cinco palavras-chave que guiam o discernimento da prática litúrgica das comunidades.

Atividades de autoavaliação

1. O objetivo central da liturgia é proporcionar um encontro pessoal com Deus vivo. Nesse sentido, o que caracteriza a liturgia?
   a) São os sinais simbólicos presentes na celebração litúrgica que exercitam e fortalecem a fé e levam os fiéis a uma compreensão intelectual e clara dos mistérios de Cristo.
   b) É a obediência às rubricas que dá origem a uma sequência ordenada de ritos e orações.
   c) São os sinais sensíveis que acolhem e comunicam a presença e a ação de Deus.
   d) São as orações utilizadas durante a celebração eucarística, que podem ser feitas individualmente ou junto com a comunidade, com o objetivo de levar os fiéis ao exercício da fé em busca do encontro pessoal com o Criador.

2. Por que podemos dizer que é reunida em assembleia litúrgica que a Igreja exprime melhor seu rosto?
   a) Porque a liturgia não é apenas "coisa de padres", mas diz respeito a todos os que receberam o batismo, pois é esse o sacramento que consagra a pessoa para o culto cristão. Quem celebra é toda a comunidade, o corpo de Cristo unido à sua Cabeça.
   b) Porque a liturgia não é apenas "coisa de padres", mas também de todos os leigos engajados em alguma pastoral. Com o engajamento, eles têm o direito de participar ativamente da celebração.
   c) Porque a liturgia é realizada exclusivamente pelos padres em sua especial vocação de atuar como outros Cristos, mediadores entre a Igreja celeste e a Igreja peregrina.
   d) Porque é na liturgia que, como espectadores, as pessoas participam de maneira apenas interior por meio da devoção individual, que é o que realmente une a Cristo.

3. Por que a qualidade comunicativa dos sinais litúrgicos é tão importante dentro das celebrações eucarísticas nas comunidades?
   a) Porque a liturgia é composta por sinais sensíveis e, portanto, o mistério depende da expressividade desses sinais para atingir as pessoas, já que a identidade de Cristo não pode ser apreendida só com estratégias doutrinais ou morais, mas também com estratégias rituais.
   b) Porque são esses sinais sensíveis que permitem um encontro completo com o mistério de Cristo dentro da celebração, pois atuam diretamente com a dimensão psicológica das pessoas, causando uma reação de catarse.
   c) Porque esses sinais sensíveis são necessários como forma didática para o aprendizado das doutrinas teóricas do mistério de Cristo expressadas na celebração eucarística.
   d) Porque a liturgia é composta por sinais sensíveis que escondem a realidade do mistério e sublinham a sua incomunicabilidade. Só por meio daquilo que as pessoas não entendem, como o uso da língua latina, elas podem ter percepção do mistério.

4. Como a liturgia sublinha a relação entre a experiência do amor de Deus e a do amor ao próximo?
   a) A liturgia fornece um exercício de união passiva por meio da experiência do Amor que causa no indivíduo desejo de ajudar os demais membros do corpo de Cristo a fim de conquistar futuramente o merecimento do reino dos céus.
   b) Na vivência em comunidade, constróem-se laços afetivos entre os membros e, por conta disso, nasce o anseio de contribuir para com todos aqueles que são simpáticos à comunidade.

c) A liturgia relembra o dever de amar os irmãos, reafirmando o compromisso que foi assumido no batizado e que todos têm a obrigação de manter.

d) A transformação que a liturgia opera se origina no encontro com Deus-Amor, fazendo dos cristãos um só corpo: o corpo de Cristo, que se coloca amorosamente a serviço da humanidade.

5. Como se dá a relação entre a liturgia e a Tradição?
    a) A Tradição está diretamente ligada à liturgia no sentido de que os ritos devem ser repetidos absolutamente sem mudanças desde a origem da Igreja, para uma maior vivência do mistério de Cristo.
    b) A liturgia está no coração da Tradição, na medida em que os ritos por ela transmitidos conferem à Igreja a sua própria identidade. Uma liturgia fiel à Tradição possibilita mais plenamente a experiência desses ritos a fim de proporcionar o encontro com Deus-Amor.
    c) A liturgia é uma expressão secundária da Tradição, já que esta consiste em uma série de conteúdos doutrinários transmitidos pelos apóstolos, que independem da práxis celebrativa da Igreja.
    d) A Tradição enriquece a liturgia, pois é ela que transmite a energia necessária para que os sacramentos sejam eficazes e conduzam à salvação individual.

Atividades de aprendizagem

Questões para reflexão

1. Procure saber como são organizadas as celebrações da sua comunidade e de comunidades próximas. Na sua avaliação, o envolvimento de diversos ministérios na celebração reflete a responsabilidade de todos os batizados e a valorização de cada ministério?

2. Como você avalia a sua experiência e a da sua comunidade em relação ao toque de Deus-Amor na liturgia? A celebração eucarística favorece o encontro com Deus? No ambiente de sua comunidade, é possível enxergar o testemunho de um Deus que é Amor?

Atividade aplicada: prática

1. Faça uma breve entrevista com algumas pessoas que participam das celebrações eucarísticas de outra paróquia, fazendo a elas duas perguntas: I) Qual parte da celebração mais as toca? II) Há algo no jeito de celebrar que parece-lhes impedir uma experiência de encontro com Deus?

Palavras dos Santos Padres

Eu e o Pai viremos a ele e faremos nele a nossa morada. Abre a tua porta Àquele que vem, abre a tua alma, revela o interior de teu espírito, para que nele vejas afluir as riquezas da simplicidade, os tesouros da paz, a suavidade da graça. *Dilata teu coração,* vai ao encontro do sol da luz eterna *que ilumina todo o homem.* Aquela luz verdadeira brilha para todos; mas alguém fecha as suas janelas, priva-se a si mesmo da luz eterna. E assim não dás entrada a Cristo, se fechas a porta da tua alma. É certo que Ele tem poder para entrar; mas não quer introduzir-Se como um importuno, não quer forçar a vontade de ninguém. Ele saiu do seio da Virgem como um sol nascente, irradiando a sua luz por todo o orbe da Terra, para iluminar a todos. Recebem esta luz os que desejam a claridade do esplendor eterno, aquela claridade que nenhuma noite pode alterar. A este sol que vemos cada dia sucedem as trevas da noite; mas o sol da justiça nunca se opõe, porque à luz da sabedoria não sucede a maldade. Feliz daquele a cuja porta Cristo chama. A nossa porta é a fé, que se for robusta, fortifica toda a casa. Por esta porta entra

Cristo. Por isso também a Igreja diz no Cântico dos Cânticos. *A voz do meu amado bate à porta.*

(Ambrósio de Milão, citado por Cordeiro, 2015, n. 2076a)

Mas, pergunto, que dia é este [a Páscoa]? É o dia que nos trouxe o princípio da vida, a origem e o autor da luz, o próprio senhor Jesus Cristo que de si mesmo afirma: *Eu sou o dia: quem caminha de dia não tropeça:* isto é, aquele que em todas as coisas segue a Cristo chegará, seguindo os seus passos, ao trono da eterna luz. Assim pedia Ele ao Pai, em nosso favor, quando ainda vivia no seu corpo mortal, a dizer: *Pai, quero que onde Eu estou, aí estejam também os que acreditaram em Mim, para que assim como Tu estás em Mim e Eu em Ti, assim também eles permaneçam em Nós.*

(Epifânio de Salamina, citado por Cordeiro, 2015, n. 2400)

Celebremos festa também agora, caríssimos; caminhemos para ela não como quem vai para um dia de tristeza, mas de alegria em Cristo, do qual nos alimentamos diariamente. Recordando aquele cordeiro que (os judeus) imolavam nos dias pascais, celebremos a Páscoa em que Cristo foi imolado. Aquele cordeiro tirou o povo do Egito; Cristo destruiu a morte e o Diabo que detinha o poder da morte, de qual agora nós podemos rir. E também podemos ajudar os que estão angustiados e clamam a Deus dia e noite.

(Atanásio de Alexandria, citado por Cordeiro, 2015, n. 1466)

O mesmo admirável Filho do carpinteiro, que conduziu a sua cruz até os abismos da morte, que tudo devoravam, levou também o gênero humano para a morada da vida. E uma vez que o gênero humano, por causa de uma árvore, se tinha precipitado no reino das sombras, por causa de outra árvore passou para o reino da vida. Portanto, na mesma árvore, em que tinha sido enxertado um fruto amargo, foi enxertado depois um fruto doce, para que reconheçamos o Senhor a quem nenhuma criatura pode resistir.

Glória a Vós, que lançastes a cruz, como uma ponte, sobre a morte, para que através dela passem as almas da região da morte para a vida! Glória a Vós, que assumistes um corpo de homem mortal para o transformardes num manancial de vida em favor de todos os mortais!

Vós viveis para sempre! Aqueles que vos mataram procederam para com a vossa vida como os agricultores: lançaram-na à terra como a um grão de trigo, mas ela ressuscitou e fez ressurgir consigo a multidão dos homens. Vinde, ofereçamos o sacrifício grande universal de nosso amor e entoemos, com grande alegria cânticos e orações Àquele que se ofereceu a Deus no sacrifício da cruz para nos enriquecer por meio dela com a abundância dos seus dons.

(Efrém, citado por Cordeiro, 2015, n. 1497-1498)

Cantai ao Senhor um cântico novo, cantai ao Senhor, terra inteira. Se toda a terra canta um cântico novo, edifica-se a casa enquanto se canta. O próprio cantar é um modo de edificar-se, se não se cantarem cânticos velhos. O cântico velho canta o desejo da carne, o cântico novo canta a ternura de Deus. Seja qual for o cântico nascido do desejo da carne, é velho; embora ressoe na boca o cântico novo, o louvor não é belo na boca do pecador. Mais vale calar o cântico novo a cantar o cântico velho. Se fores um homem novo e estiveres calado, o teu cântico não ressoará aos ouvidos dos homens, mas o teu coração não deixará de cantar o cântico novo que chega aos ouvidos de Deus, que te fez homem novo. Amas o silêncio. O amor é a voz que chega até Deus, e o próprio amor é o cântico novo. Escuta qual é o cântico novo, segundo o Senhor: *Dou-vos um mandamento novo: que vos ameis uns aos outros*. A terra inteira canta este cântico novo e assim se constrói a casa. Com efeito, toda a terra é casa de Deus. Na construção nova que está a levantar-se, as pedras sobrepõem-se de tal modo, a caridade une-as de tal maneira, que não fica apenas pedra sobre pedra, mas todas as pedras se tornam uma só. Não nos admiremos. Foi obra do cântico novo, isto é, da caridade que tudo renova. Onde há unidade do Espirito, a pedra é uma só, mas uma pedra feita de muitas.

(Agostinho de Hipona, citado por Cordeiro, 2015, n. 3176)

O amor de Deus não se aprende com normas e preceitos. Assim como não é preciso ensinar-nos a gozar da luz, a desejar a vida, a amar os pais ou educadores, assim também, e com maior razão, o amor de Deus não procede de uma disciplina exterior, mas é na própria constituição natural do homem que está inserida, como que em germe, uma força espiritual que contém em si a capacidade e a necessidade de amar. Esta força espiritual inata é depois cultivada diligentemente e alimentada sabiamente nas escolas dos preceitos divinos, que, com a ajuda de Deus, a conduz à perfeição.

Por isso, conhecendo o vosso desejo de chegar a esta perfeição, com a ajuda de Deus e das vossas orações nos esforçamos, na medida em que no-lo permite a luz do Espírito Santo, por avivar a centelha do amor divino escondido em vosso interior.

(Basílio de Cesareia, citado por Cordeiro, 2015, n.1531a)

Se o amor consegue expulsar completamente o temor, de tal modo que o temor se transforme em amor, então se compreende que é a unidade que alcança a salvação, porque a salvação consiste em estarmos todos unidos, pela nossa intima adesão ao sumo e único bem, pela perfeição em que nos faz participar aquela pomba de que se fala no Cântico dos Cânticos. É o que parece depreender-se das palavras que se seguem: *Uma só é a minha pomba, uma só é a minha perfeita; é a única filha de sua mãe, a predileta daquela que a deu à luz.* Isto mesmo nos ensina o Senhor mais claramente no evangelho. Jesus abençoe os seus discípulos. Dá-lhes todo o poder e concede-lhes os seus bens. Entre estes bens incluem-se também as santas expressões que dirige ao Pai.

Mas entre todas as palavras que diz e as graças que concede, há uma que é a mais importante e como que a fonte e compêndio de tudo o mais. É aquela em que Ele adverte os seus para que nunca mais se encontrem divididos por divergência alguma no discernimento das opções a tomar, mas pelo contrário sejam um só coração e uma só alma, procurando acima de tudo a união com aquele único e sumo bem. Deste modo, unidos no Espírito Santo pelo vínculo da paz, como diz o Apóstolo, serão todos um só corpo e um só espírito, animados pela mesma esperança a que foram chamados. Mas será melhor referir textualmente as divinas palavras do Evangelho: *Para que todos sejam um só, como Tu, Pai, em Mim e Eu em Ti; para que também eles sejam um só em Nós.*

(Gregório de Nissa, citado por Cordeiro, 2015, n. 1984a)

Tremendos são, na verdade, os mistérios da Igreja. Tremendo é este altar. Brotou do paraíso uma fonte que faz correr rios materiais. Desta mesa brota uma fonte da qual correm rios espirituais. Junto desta fonte estão plantados, não já salgueiros estéreis, mas árvores que se erguem até o céu, e dão fruto na estação própria. Se alguém tem calor, venha a esta fonte e refresque o ardor, pois ela refresca tudo o que se arde. São muitos os regados desta fonte enviados pelo Paráclito. O Filho faz-se mediador, não já abrindo caminho mas convertendo as nossas vontades. Esta fonte é fonte de luz, que lança raios de verdade. Diante dela estão os poderes do céu, de olhar fixo na beleza das suas correntes, já que elas comtemplam com maior claridade a eficácia da oblação eucarística e os seus inacessíveis raios de luz.

(João Crisóstomo, citado por Cordeiro, 2015, n. 2628b)

Quantos pães não haverá hoje, através do mundo inteiro, sobre os altares de Cristo? E, contudo, todos são um só e mesmo pão. Mas que é este único pão? Já o disse com toda a brevidade: *Embora muitos, somos um só corpo.* Este pão é o Corpo de Cristo, de que fala o Apóstolo, quando se dirige à Igreja: *Vós sois o corpo de Cristo e cada um, pela sua parte, é um membro.* Pela graça que vos remiu, sois aquilo que recebeis; quando respondeis Amém, assinais o vosso nome. O pão que estais a ver é o sacramento da unidade.

(Agostinho de Hipona, citado por Cordeiro, 2015, n. 3891)

2
A preparação da celebração eucarística

Se você desempenha algum ministério nas celebrações da sua comunidade, já sabe que boa parte do serviço se dá antes do início da celebração. Aliás, conhecer como se organiza a celebração eucarística é um passo importante não só para quem exerce um ministério específico mas também para todo membro da assembleia celebrante, na medida em que torna mais consciente sua participação no evento. É um saber que traz identidade, que diz que a celebração é de toda a comunidade e que ajuda a evitar, assim, os desmandos e as esterilidades do clericalismo.

Cabe lembrar a necessidade de uma preparação pessoal para se ter uma experiência mais rica da celebração do mistério pascal. São pequenas coisas que fazem a diferença no momento de celebrar, como programar-se para não chegar à igreja em cima da hora; cumprimentar os irmãos de comunidade e saudar os que vão chegando, criando um ambiente de acolhimento; resguardar um tempo de silêncio – exterior e interior – antes do início da celebração, mesmo enquanto se dirige até a igreja; colocar-se em espírito de oração – não de empenho pessoal, como se a comunhão com Deus dependesse do próprio esforço, mas de livre acolhida do mistério; e quem sabe até fazer de algum texto bíblico da liturgia do dia o objeto de meditação em casa. Tudo isso também é rito e nos predispõe para uma celebração mais expressiva.

Evidentemente, cada ministério prepara de um modo específico seu serviço. Os músicos e os cantores, por exemplo, precisam tanto preparar o repertório quanto ensaiá-lo bem, dando à celebração o melhor de si. Não entraremos em detalhes sobre essas preparações específicas. Vamos nos restringir à preparação do espaço celebrativo, com os objetos necessários para a celebração eucarística e à escolha dos textos litúrgicos. Nossa compreensão da preparação da celebração será guiada pelos elementos que nela tomam parte: o Missal, o Lecionário, o pão e o vinho, os diversos objetos e paramentos e o espaço litúrgico.

2.1 O Missal Romano

O Missal Romano (MR) é o livro-base da celebração eucarística conforme o rito romano. Por isso, começaremos por ele, que transmite o rito da celebração eucarística segundo a forma legada pela reforma litúrgica do Concílio Vaticano II e a disciplina da Igreja a seu respeito. É composto pelo missal propriamente dito, que contém o rito da celebração, as orações eucarísticas e as outras orações para cada celebração litúrgica, e pelo Lecionário, que contém as leituras (Dotro; Helder, 2006). Nesta seção, vamos tratar do Missal Romano e, na próxima, do Lecionário.

É importante esclarecer de qual edição do Missal Romano estamos falando. Como já vimos, o Papa Paulo VI promulgou o novo Missal Romano, reformado por ordem do Concílio Vaticano II, em 1969. Sua primeira edição foi publicada no ano seguinte – e nunca chegou a ser veiculada integralmente no Brasil. Em 1975, foi realizada uma segunda edição, com algumas modificações, em razão principalmente das reformas empreendidas pelo Papa Paulo naqueles cinco anos que afetaram a liturgia. Essa segunda edição teve a sua versão brasileira publicada em 1991. Finalmente, em 2000, o Papa João Paulo II promulgou uma terceira edição do Missal Romano.

A terceira edição se fez necessária porque, desde 1975, vários rituais tinham sido revistos, diversos documentos tinham sido publicados e novos santos tinham sido canonizados. A publicação da terceira edição do Missal Romano se deu em duas etapas: em 2000, foi publicada a nova Instrução Geral do Missal Romano (IGMR) e, em 2002, foi publicada a terceira edição definitiva do Missal Romano (Aldazábal, 2012).

Quadro 2.1 – Ano de publicação das três edições do Missal Romano

Edição típica (em latim)	Ano de publicação	Edição brasileira
1ª edição	1970	Nunca chegou a ser publicada integralmente
2ª edição	1975	Publicada em 1991
3ª edição	2002	Em fase de tradução (IGMR publicada em 2004)

A IGMR de 2000 foi traduzida para a Igreja do Brasil em 2004. Já a versão brasileira da terceira edição do Missal Romano ainda está em fase de tradução pela Comissão Episcopal de Traduções e Edições Litúrgicas (Cetel), da Conferência Nacional dos Bispos do Brasil

(CNBB), de modo que, no Brasil, ainda vigora a edição de 1975. Por isso, fazemos referência à IGMR da terceira edição, mas usamos como base a segunda edição do Missal Romano.

Durante a celebração eucarística, o Missal Romano é manuseado principalmente pelo presidente da celebração, sobretudo durante a Liturgia Eucarística, e por um ministro, geralmente um coroinha ou acólito, que o apresenta ao presidente na sede para a oração do dia e de depois da comunhão. É possível também que o Missal seja sempre manuseado por um acólito ou pelo presidente, independentemente da Liturgia Eucarística. No último caso, deve-se evitar presidir toda a missa do altar, sobretudo nas celebrações dominicais; é melhor que haja uma estante – um pequeno púlpito – diante da sede, para que se valorize esse lugar celebrativo como sinal de Cristo que preside o seu povo – o altar é a mesa eucarística e seu uso deve ser reservado, consequentemente, para a Liturgia Eucarística.

Agora, vamos analisar o Missal Romano, para traçar um panorama do seu conteúdo.

Depois de reproduzir, em suas primeiras páginas, alguns decretos e a constituição apostólica *Missale Romanum*, do Papa Paulo VI, o Missal Romano se abre com a IGMR (páginas 25 a 94). Trata-se de um texto fundamental que apresenta, em nove capítulos, desde a importância da celebração eucarística até disposições a respeito dos paramentos e objetos a serem usados. Em seguida, o texto apresenta as normas a serem observadas quanto ao ano litúrgico e ao calendário romano (páginas 101 a 112), bem como o próprio calendário, que dispõe as solenidades, as festas e as memórias celebradas durante o ano (páginas 112 a 125). As páginas seguintes trazem o **próprio** do tempo (páginas 129 a 385).

Chamamos de *próprio* o conjunto de orações que, justamente, é próprio de uma celebração ou de um tempo específico. Sua contrapartida é o **ordinário**, ou seja, o conjunto de textos que são comuns a todas as celebrações eucarísticas. Nessa seção, então, o Missal apresenta as orações que correspondem às celebrações dos tempos litúrgicos. O próprio de cada celebração é composto pelos seguintes elementos:

a. a antífona de entrada – um trecho da Sagrada Escritura que é lido na falta de um canto de entrada e que deve inspirar sua escolha;
b. a oração do dia – encerra os ritos iniciais;
c. a oração sobre as oferendas;
d. a antífona de comunhão – semelhante à antífona de entrada;
e. a oração depois da comunhão;
f. algumas festas e solenidades têm ainda um prefácio próprio.

Depois de apresentar o próprio do tempo, o Missal Romano traz o ordinário da missa com o povo, isto é, a estrutura e os textos básicos de cada celebração eucarística que é realizada com a assembleia (páginas 387 a 505). Ali estão também as diversas opções de prefácios, as quatro orações eucarísticas que são universais no rito romano e a *Oração Eucarística V*, uma composição brasileira realizada por ocasião do IX Congresso Eucarístico Nacional, em Manaus (1975). Essa seção apresenta ainda o rito da missa celebrada sem o povo, isto é, apenas com o presidente e um fiel (páginas 506 a 512). Uma última parte traz as diversas opções de bênçãos solenes e orações sobre o povo ao fim da celebração (páginas 517 a 524).

Nas páginas seguintes, está o próprio dos santos, organizado segundo o calendário civil, de janeiro a dezembro (páginas 538 a 726). As opções variam muito: cada santo pode ter as três orações (do dia, sobre as oferendas e depois da comunhão) próprias, e até mesmo um prefácio, ou ter apenas a oração do dia. Nesse caso, o que complementa as partes que faltam são os formulários comuns, que vêm logo em seguida (páginas 729 a 771).

A seção seguinte é dedicada às missas rituais, que são as celebrações eucarísticas durante as quais são inseridos outros ritos, como o batismo, a confirmação, o matrimônio e a dedicação da igreja, entre outros (páginas 787 a 835). Logo depois, estão as missas e as orações para diversas necessidades (páginas 842 a 938). Essa seção traz outras seis opções de orações eucarísticas, além de formulários (compostos pelos mesmos elementos dos próprios) para as mais diversas ocasiões. Para citar alguns exemplos, há orações pela eleição de um novo papa, pela união dos cristãos, pelo encontro de chefes de Estado, pelos refugiados e para pedir bom tempo.

Em seguida, vêm as missas votivas (páginas 941 a 961). São celebrações em honra de algumas devoções – o Sagrado Coração de Jesus, o seu Preciosíssimo Sangue, o Santíssimo Nome de Maria, São José, entre outros – que podem ocorrer em qualquer dia, desde que não conflitam com uma celebração mais importante na mesma data. Uma penúltima seção do Missal Romano elenca ainda as missas dos fiéis defuntos, com textos para diversas circunstâncias (páginas 965 a 994). Contemplam-se ali desde a morte do papa até a morte de jovens, a crianças ou outras pessoas que faleceram repentinamente.

Por fim, há alguns apêndices que incluem a bela celebração da vigília de Pentecostes, exemplos de formulários para a oração dos fiéis, orações em preparação para a missa e três orações eucarísticas para missas com crianças, entre outros itens (páginas 997 a 1056).

No quadro a seguir, apresentamos uma visão geral desses conteúdos e também as situações que exigem o uso de cada parte do Missal Romano.

Quadro 2.2 – Conteúdos do Missal Romano

Conteúdo	Páginas	Uso
Instrução Geral sobre o Missal Romano	25 a 94	Não é usado durante a celebração.
Normas sobre o ano litúrgico	110 a 112	Não é usado durante a celebração.
Calendário litúrgico	112 a 125	Não é usado durante a celebração.
Próprio do tempo	129 a 385	Cotidianamente, quando se celebra segundo o tempo litúrgico corrente.
Ordinário da missa com o povo	387 a 505	Cotidianamente.
Rito da missa sem o povo	506 a 512	Apenas em circunstâncias muito específicas.
Bênçãos solenes e orações sobre o povo	517 a 524	Sobretudo nas solenidades e festas.
Próprio dos santos	531 a 726	Nas celebrações dos santos.
Comuns	729 a 771	Quando é necessário complementar o formulário de um santo ou em celebrações de dedicação da Igreja.
Missas rituais	787 a 835	Quando se celebra um outro sacramento dentro da missa, se o calendário permitir.
Missas para diversas necessidades	842 a 938	Quando se deseja celebrar por alguma intenção específica, se o calendário permitir.
Missas votivas	941 a 961	Quando se deseja honrar alguma devoção específica, se o calendário permitir.
Missas pelos fiéis defuntos	965 a 994	Quando se deseja rezar por um falecido, se o calendário permitir.
Apêndices	997 a 1056	–

Antes de qualquer celebração eucarística, deve-se preparar o Missal Romano, posicionando fitas nas páginas que serão usadas naquela ocasião. Para fazer isso, é necessário entender como se escolhem os formulários para cada celebração. É disso que trata o capítulo VII da IGMR. Antes disso, porém, vamos relembrar como se organiza o ano litúrgico.

Figura 2.1 – Diagrama do ano litúrgico

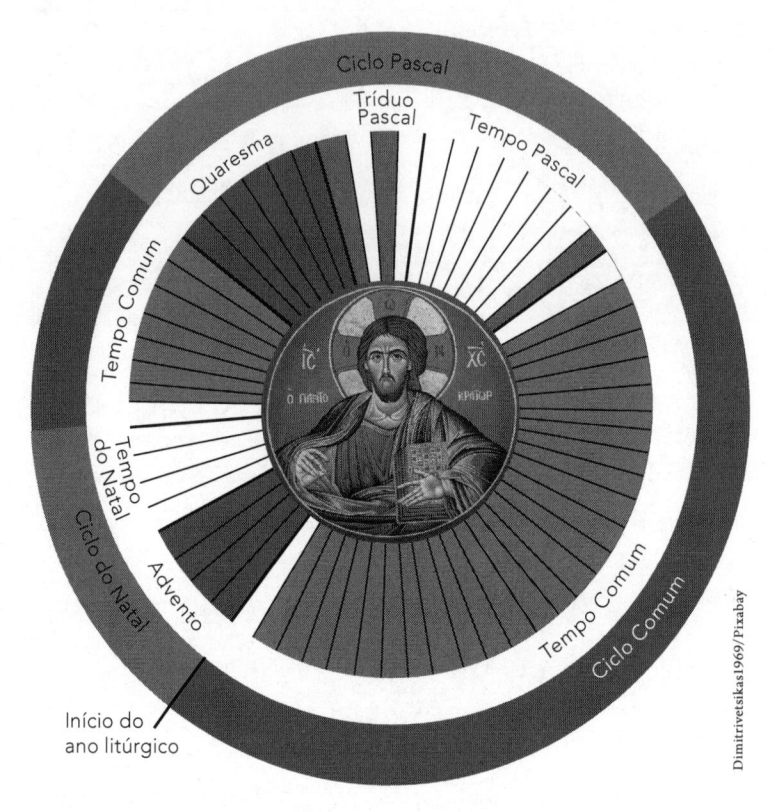

Ciclo Pascal
Tríduo Pascal
Tempo Pascal
Quaresma
Tempo Comum
Tempo do Natal
Ciclo do Natal
Advento
Tempo Comum
Ciclo Comum

Início do ano litúrgico

Dimitrivetsikas1969/Pixabay

    A unidade fundamental do tempo litúrgico é o **domingo**, celebração semanal da Páscoa do Senhor (SC, n. 106). Para determinar a duração desse dia litúrgico, a Igreja usa a tradição judaica, de modo que liturgicamente entendemos que o domingo tem início na tarde do sábado. Como dia litúrgico por excelência, a celebração do domingo se confunde com a própria celebração da eucaristia. "É evidente que pode haver eucaristia sem domingo e domingo sem eucaristia, mas a expressão mais plena do acontecimento pascal é o domingo com eucaristia ou a eucaristia dominical" (Borobio, 2009, p. 60). Na Figura 2.1, cada seção corresponde a um domingo, exceto pelos seguintes dias: o Natal, a Quarta-Feira de Cinzas, a Quinta-Feira Santa e a Sexta-Feira Santa.

O Concílio Vaticano II buscou sublinhar a centralidade do domingo na liturgia, que tinha sido um pouco ofuscada pela diversidade de festas ligadas a devoções particulares – um problema que ainda persiste em algumas de nossas comunidades, quando se dá uma importância desmedida a práticas devocionais que acontecem no meio da semana, fazendo com que os fiéis coloquem em segundo plano a celebração dominical.

Ao lado da celebração dominical, a Igreja guardou já a partir das primeiras gerações cristãs, no século II ou talvez antes, a celebração anual da páscoa. O **Tríduo Pascal** – uma grande celebração que começa na noite da Quinta-Feira Santa e se estende até a Vigília Pascal, na noite do sábado – é a "fonte de luz" (CIC, n. 1168) do ano litúrgico. Ele é preparado pela **Quaresma**, que começa na Quarta-Feira de Cinzas e dura cinco domingos mais o Domingo de Ramos e da Paixão do Senhor, e prolongado pelo **Tempo Pascal**, que se encerra no Pentecostes. Podemos chamar a todo esse período de *Ciclo Pascal*.

O outro epicentro do ano litúrgico é o Natal, que é preparado pelo **Advento** e prolongado no **Tempo do Natal**, que culmina no Batismo do Senhor, que, no entanto, é considerado o 1º Domingo do **Tempo Comum** – dando início ao período que acontece fora dos ciclos do Natal e da Páscoa, o Ciclo Comum. Nesse período, é celebrado o mistério de Cristo como um todo, em um ritmo marcado fortemente pela celebração dominical, pelos ensinamentos de Jesus em discursos e parábolas e pela memória dos santos nos dias feriais. No quadro a seguir, podemos ver com exatidão quando se inicia e quando se conclui cada tempo litúrgico.

Quadro 2.3 – Duração dos tempos litúrgicos

Tempo	Início	Fim
Advento	1º Domingo do Advento – basta contar retrospectivamente quatro domingos a partir do Natal.	Dia 24 de dezembro, antes da celebração da vigília do Natal (ou seja, até o entardecer).
Tempo do Natal	Celebração da vigília do Natal – no entardecer do dia 24 de dezembro.	Festa do Batismo do Senhor, exclusive (ou seja, antes que a celebração tenha início) – até a tarde do sábado em que começa a celebrar-se o Batismo do Senhor.
Tempo Comum (1ª parte)	Celebração do Batismo do Senhor – no domingo seguinte à Epifania.	Terça-feira anterior à Quarta-Feira de Cinzas.
Quaresma	Quarta-Feira de Cinzas.	Celebração da Ceia do Senhor, na Quinta-Feira Santa, exclusive (ou seja, antes que a celebração tenha início) – até a tarde de quinta-feira.
Tríduo Pascal	Celebração da Ceia do Senhor, na Quinta-Feira Santa.	Vigília Pascal, inclusive.
Tempo Pascal	A partir da Vigília Pascal, quando se entra no 1º Domingo da Páscoa.	Solenidade de Pentecostes, inclusive.
Tempo Comum (2ª parte)	Segunda-feira após Pentecostes. A primeira celebração dominical dessa parte do Tempo Comum é a Solenidade da Santíssima Trindade.	1º Domingo do Advento, exclusive (ou seja, antes que a celebração tenha início) – até a tarde de sábado; a última celebração dominical do Tempo Comum é a Solenidade de Cristo Rei.

O ano litúrgico não é meramente um calendário, mas "uma verdadeira liturgia", "a celebração e atualização do mistério de Cristo no tempo" ou, de forma ainda mais enfática, "a presença em modo sacramental e ritual do mistério de Cristo no espaço humano" (Celam, 2004, p. 184). "O ano litúrgico é Cristo abraçando o tempo, como que desdobrando no tempo de um ano seus mistérios, as diversas sequências de sua vida" (Borobio, 2009, p. 58). Nele, os diversos aspectos do único mistério de Cristo são "explicitados progressivamente", já que "não podemos perceber e compreender toda a sua riqueza" de uma só vez (Celam, 2004, p. 190). Por isso, uma comunidade que vive de modo superficial o decorrer do ano litúrgico e que não o entrelaça com toda a sua vida e as suas atividades pastorais perde um poderoso instrumento de mistagogia. Os diversos momentos do ano litúrgico devem interagir com a catequese, com os círculos de reflexão, com a vida de oração na família e tudo o mais. Bem vivido, o ano litúrgico "transforma-se numa escola de vida cristã, em mestre para o anúncio do mistério de Cristo, em lugar de celebração e apresentação desse mistério não segundo esquemas subjetivos, mas de acordo com o plano sacramental da Igreja" (Celam, 2004, p. 191).

Voltemos à questão da escolha da missa a ser celebrada em cada dia. Para isso, utilizaremos a "tabela dos dias litúrgicos segundo sua ordem de precedência", do Missal Romano e que reproduzimos a seguir. Essa tabela é usada para saber qual celebração realizar em caso de conflito de datas.

Tabela dos dias litúrgicos segundo sua ordem de precedência

1. Tríduo Pascal da Paixão e Ressurreição do Senhor.
2. Natal do Senhor, Epifania, Ascensão e Pentecostes.
   Domingos do Advento, da Quaresma e da Páscoa.
   Quarta-feira de Cinzas.
   Dias de semana da Semana Santa, de segunda a quinta-feira inclusive.
   Dias dentro da oitava da Páscoa.
3. Solenidades do Senhor, da Bem-aventurada Virgem Maria e dos santos inscritos no calendário geral.
   Comemoração de todos os fiéis defuntos.
4. Solenidades próprias, a saber:

a. Solenidade do padroeiro principal do lugar ou da cidade.
   b. Solenidade da dedicação e do aniversário de dedicação da igreja própria.
   c. Solenidade do titular da igreja própria.
   d. Solenidade do titular, do fundador, ou do padroeiro principal da ordem ou congregação.
5. Festas do Senhor inscritas no calendário geral.
6. Domingos do Tempo do Natal e domingos do Tempo Comum.
7. Festas da Bem-aventurada Virgem Maria e dos santos do calendário geral.
8. Festas próprias, a saber:
   a. Festa do padroeiro principal da diocese.
   b. Festa do aniversário de dedicação da igreja catedral.
   c. Festa do padroeiro principal da região ou província, da nação ou de um território mais amplo.
   d. Festa do titular, do fundador, do padroeiro principal da ordem ou congregação e da província religiosa, salvo o prescrito no n. 4.
   e. Outras festas próprias de uma igreja.
   f. Outras festas inscritas no calendário de uma diocese, ordem ou congregação.
9. Os dias de semana do Advento, de 17 a 24 de dezembro inclusive.
   Dias dentro da oitava do Natal.
   Dias de semana da Quaresma.
10. Memórias obrigatórias do calendário geral.
11. Memórias obrigatórias próprias, a saber:
    a. Memórias do padroeiro secundário do lugar, da diocese, da região ou da província religiosa.
    b. Outras memórias obrigatórias inscritas no calendário de uma diocese, ordem ou congregação.

12. Memórias facultativas, que podem, contudo, ser celebradas também nos dias de que fala o n. 9, segundo o modo descrito nas Instruções gerais sobre o Missal Romano e a Liturgia das Horas. Do mesmo modo, as memórias obrigatórias, que por acaso ocorram nos dias de semana da Quaresma, poderão ser celebradas como memórias facultativas.
13. Os dias de semana do Advento até o dia 16 de dezembro inclusive. Os dias de semana do Tempo do Natal, do dia 2 de janeiro até o sábado depois da Epifania. Os dias de semana do Tempo Pascal, de segunda-feira depois da oitava da Páscoa até o sábado antes de Pentecostes inclusive. Os dias de semana do Tempo Comum.

Fonte: Sagrada Congregação para o Culto Divino, 1997, p. 111-112.

Essa tabela ensina muito sobre a liturgia, pois esclarece quais são as celebrações mais significativas durante o ano litúrgico. A variação de importância das celebrações é um dado pedagógico muito importante na liturgia: os diferentes graus de comemoração apontam o que é mais nuclear na fé cristã e o que é mais secundário. Basta olhar para a tabela: o Tríduo Pascal, coração da liturgia, ocupa o primeiro lugar. Basicamente, há três graus de comemoração: a **solenidade**, a **festa** e a **memória**. Todo domingo é considerado solenidade, mas, ainda assim, é possível diferenciar os domingos mais festivos de, por exemplo, um domingo do Tempo Comum.

Essa distinção entre os graus de comemoração precisa ser visível para a assembleia, o que pode ser feito através do uso de incenso nas solenidades de paramentos mais festivos e de mais ou menos velas junto ao altar e nas procissões; da escolha do repertório dos cantos; da decoração do presbitério com arranjos florais, entre outros. Quando todas as celebrações se "achatam" e o calendário litúrgico se torna "plano" – sempre com o mesmo estilo de celebração, sem destacar os pontos mais importantes do ano litúrgico –, então se perde um grande instrumento de mistagogia.

Vejamos agora como se faz a escolha da missa do dia, com base na tabela anterior. Para isso, trabalharemos com alguns exemplos.

Exemplo 1

O dia de São José (19 de março) tem grau de **solenidade** – o grau máximo de uma celebração. Mas o que fazer se, em certo ano, o dia 19 de março for um dia do Tríduo Pascal ou um domingo do Tempo Pascal? Se observarmos a tabela, veremos que o Tríduo Pascal ocupa o primeiro lugar na ordem de precedência, ou seja, nada pode substituí-lo. Os domingos da Páscoa, por sua vez, são o segundo item do número 2. E o dia de São José cabe no primeiro item do número 3: "Solenidades do Senhor, da Bem-aventurada Virgem Maria e dos santos inscritos no calendário geral". Ou seja, não se deve celebrar São José no dia 19 de março se esse dia for um domingo do Tempo Pascal ou um dia do Tríduo Pascal – e, basta ver na tabela, nem se for um domingo da Quaresma ou um dia de semana da Semana Santa ou da oitava da Páscoa. No caso de São José, dada a sua importância, a sua celebração nessas circunstâncias deve ser transferida para o próximo dia "livre", isto é, de menor precedência. Por exemplo, se o dia 19 de março for o domingo de Páscoa, só celebraremos São José na segunda-feira da outra semana, isto é, dia 27.

Exemplo 2

No calendário geral, o dia de Santa Teresinha do Menino Jesus (1º de outubro) é uma **memória** obrigatória, ou seja, uma celebração de grau menor que uma festa ou uma solenidade, mas que não deve ser transcurada caso caia em dia de semana. Se o dia 1º de outubro cair em um domingo, Santa Teresinha do Menino Jesus sequer seria celebrada em uma paróquia que não tivesse nenhuma ligação especial com ela, porque o seu dia (número 10 na tabela) é menos importante do que o domingo, mesmo o do Tempo Comum (número 6 na tabela). Mas suponhamos que ela seja a padroeira de uma paróquia. Nesse caso, seu dia não é mais uma simples memória, mas uma solenidade e corresponde ao número 4 (letra c) da tabela. Então, caso o dia 1º de outubro seja um domingo, a Paróquia de Santa Teresinha celebrará a missa de sua padroeira – com paramentos brancos e as leituras e as orações próprias – em vez do respectivo domingo do Tempo Comum. Aliás, as normas para o calendário (no número 58) permitem até mesmo que se celebre Santa Teresinha no domingo caso o dia 1º de outubro tenha caído durante a semana e a comunidade tenha grande apreço por ela, sendo ela sua padroeira ou não.

Exemplo 3

A Solenidade de Todos os Santos (1º de novembro) se encaixa no primeiro item do número 3 da tabela. Logo abaixo, no mesmo número, está a Comemoração dos Fiéis Defuntos (2 de novembro). Ambas as celebrações estão, pois, acima dos domingos do Tempo Comum (número 6). O que acontece então se o dia 1º de novembro cair no domingo? Nesse caso, celebra-se a Solenidade de Todos os Santos, omitindo-se a celebração do domingo do Tempo Comum. Na segunda-feira, então, celebram-se os Fiéis Defuntos. Porém, e se o dia 2 cair no domingo? Da mesma maneira, o domingo do Tempo Comum será omitido e se celebrará em seu lugar os Fiéis Defuntos. Contudo, como a Solenidade de Todos os Santos tem precedência sobre a dos Fiéis Defuntos, as comunidades que celebrarem a Eucaristia no sábado à noite (dia 1º) deverão celebrar Todos os Santos. Ou seja, o domingo do Tempo Comum será substituído pela Solenidade de Todos os Santos nas celebrações da noite de sábado (dia 1º) e pela Comemoração dos Fiéis Defuntos nas celebrações da manhã, da tarde e da noite de domingo (dia 2).

Esclarecidas essas regras de precedência, cabem ainda outros aspectos em relação aos quais o presidente da celebração e a comunidade – de preferência, juntos (IGMR, n. 352) – são livres para optar. No quadro 2, é possível reparar que boa parte das celebrações só pode ser feita se o calendário permitir. É o que veremos agora.

Em relação às celebrações dominicais, talvez a principal característica a ser notada, além do que está na tabela, é a possibilidade de celebrar-se a **missa ritual**. Por exemplo: quase todas as paróquias têm, todos os anos, a celebração do sacramento da confirmação e boa parte delas realiza essa cerimônia durante a missa dominical. Existem, então, duas possibilidades: manter as leituras, as orações e a cor do domingo e apenas inserir o rito da confirmação no meio da celebração, ou celebrar a missa ritual, em que as leituras e as orações remetem ao sacramento celebrado e a cor dos paramentos, no caso da confirmação é o vermelho.

Mas como escolher? A missa ritual pode ser celebrada em qualquer ocasião, exceto nos domingos do Advento, da Quaresma e do Tempo Pascal, nas solenidades, nos dias da oitava da Páscoa, na Quarta-feira de Cinzas, na Comemoração de Todos os Fiéis Defuntos e na Semana Santa (IGMR, n. 372). Então, por exemplo, se o bispo for a uma paróquia para confirmar os jovens em um domingo do Advento, não se podem alterar as leituras e as orações previstas para esse dia. No caso, o bispo veste paramentos roxos (ou, facultativamente, rosa, se for o terceiro domingo do Advento). No entanto, se tratar-se de um domingo do Tempo Comum, todas as leituras e as orações podem ser substituídas por aquelas previstas para a missa ritual da confirmação, para que toda a celebração eucarística gire em torno desse sacramento. Essa é, aliás, uma prática que deveria ser valorizada, não apenas por ocasião da confirmação, da dedicação da igreja e das ordenações, como já é comum, mas também no batismo e no matrimônio – este último hoje tão desfigurado como celebração litúrgica, como celebração da Igreja.

Outras escolhas se referem sobretudo às celebrações do dia de semana. Existem três períodos do ano em que a missa do dia não pode ser substituída: a segunda parte do Advento, do dia 17 ao dia 24 de dezembro; os dias de semana da Quaresma e da Semana Santa; e os dias da oitava da Páscoa. Pode-se, no máximo, substituir a oração do dia prevista para esses dias por aquela da memória que conste no calendário geral para aquele dia – exceto na Semana Santa e na Quarta-Feira de Cinzas, que não podem sofrer nenhuma alteração (IGMR, n. 355a).

Já nos dias da semana da primeira parte do Advento (até o dia 16 de dezembro, inclusive), do Tempo do Natal e do Tempo Pascal (exceto em sua oitava), pode-se optar pela celebração do próprio dia (por exemplo, "terça-feira da terceira semana da Páscoa") ou pela de um santo cuja memória se celebre naquele dia (IGMR, n. 355b).

Por fim, nos dias de semana do Tempo Comum, além dessas opções, pode-se celebrar ainda uma das missas votivas, para diversas necessidades ou pelos fiéis defuntos (IGMR, n. 355c, 381). As normas litúrgicas são ainda mais generosas com as missas pelos fiéis defuntos, que podem, por ocasião da morte, da sepultura ou do primeiro aniversário da morte de um fiel, ser celebradas em qualquer dia de semana do ano, exceto na Quarta-Feira de Cinzas e na Semana Santa ou quando coincidirem com uma celebração com o grau de solenidade ou festa (IGMR, n. 381). Já as missas exequiais – ou seja, com os formulários próprios para as ocasiões que popularmente chamamos *missas de corpo presente* – só não podem tomar o lugar de solenidades de preceito da Quinta-Feira Santa e do Tríduo Pascal e dos domingos do Advento, da Quaresma e da Páscoa (IGMR, n. 380).

Quadro 2.4 – Opções de celebração nos dias de semana

	Tríduo Pascal	Semana Santa e Quarta-feira de Cinzas	Segunda parte do Advento (17 a 24 de dezembro), Quaresma e Oitava da Páscoa	Primeira parte do Advento (até o dia 16 de dezembro), Tempo do Natal e Tempo Pascal	Tempo Comum
Formulário do tempo corrente	✓	✓	✓	✓	✓
Missa exequial	x	✓	✓	✓	✓
Fiéis defuntos (por ocasião de morte, sepultura ou primeiro aniversário da morte)	x	x	✓	✓	✓
Memória do santo do dia (apenas oração do dia)	x	x	✓	✓	✓
Memória do santo do dia (formulário completo)	x	x	x	✓	✓
Missas votivas ou para diversas necessidades	x	x	x	x	✓
Fiéis defuntos (exceto os casos mencionados no terceiro item)	x	x	x	x	✓

Quanto às partes que compõem a celebração, há certa flexibilidade na escolha da oração eucarística, que é de livre escolha, exceto se a celebração prevista tiver um prefácio próprio. Nesse caso, não podem ser utilizadas as orações eucarísticas que têm prefácio fixo, como a IV (IGMR, n. 365), mas pode-se usar qualquer outra. É conveniente ainda que se escolha a oração tendo em vista a natureza de cada celebração. Não fica bem escolher a Oração Eucarística I, por exemplo, que é longa e solene, para uma missa comum de dia de semana.

Já em relação às leituras, nos dias de semana, a IGMR recomenda que se mantenha o ciclo semanal de leituras, mesmo no caso de se celebrar a memória de um santo. A exceção ocorre quando o santo é celebrado em grau de festa ou quando uma razão pastoral mostrar que é conveniente fazer as leituras que o Lecionário propõe para cada santo ou categoria de santos (IGMR, n. 357).

O ordinário da missa mostra claramente o que pode ser alterado – seja com as próprias alternativas que o Missal apresenta, seja com novas opções formuladas pela conferência episcopal – e o que se deve manter absolutamente fixo. Há uma série de textos do ordinário – a maioria deles comumente cantados – que não podem ter outra letra: o *Kyrie* (há algumas opções de invocações no Missal), o *Glória*, o *Creio* (há apenas duas opções, o credo apostólico e o niceno-constantinopolitano), o *Santo*, o *Pai Nosso* e o *Cordeiro de Deus*.

É importante saber que as celebrações presididas pelo bispo são reguladas pelo **Cerimonial dos Bispos** – CB, cuja edição atual, revista segundo as indicações do Concílio Vaticano II, remonta a 1984. A edição vigente anterior fora publicada em 1886. Não se trata, exatamente, de um livro litúrgico, já que não é usado durante a liturgia, mas traz uma série de indicações a respeito das celebrações que contam com a participação do bispo. Seu objetivo é uma "liturgia episcopal simples e ao mesmo tempo nobre, plena de eficácia pastoral, de modo a poder apresentar-se como modelo de todas as demais celebrações", não pelo "aparato cerimonial", mas como "principal manifestação da Igreja particular" (CB, prólogo).

Como livro litúrgico próprio da cerimônia episcopal, usa-se o **Pontifical Romano**, um volume que reúne os diversos ritos presididos pelo bispo, a saber: a confirmação; a ordenação de bispos, presbíteros e diáconos; a instituição de leitores e acólitos; a admissão entre os candidatos à ordem sacra; a bênção de abade e de abadessa; a consagração das virgens; a profissão religiosa; a dedicação de igreja e de altar; a bênção do óleo dos catecúmenos e dos enfermos; a confecção do crisma; e a coroação de imagem da Bem-Aventurada Virgem Maria.

A revisão e a publicação da edição típica de cada um desses rituais, como parte da reforma litúrgica conciliar, foram realizadas separadamente, entre os anos de 1968 e 1981. Eles foram publicados em um volume único no Brasil – o Pontifical Romano – apenas em 1999. Contendo todos os textos desses rituais, ele é usado à semelhança do Missal Romano, sendo apresentado ao bispo por um acólito ou coroinha para que profira as orações, as bênçãos, as fórmulas e as monições de cada rito.

2.2 O Lecionário

O Lecionário do Missal Romano é o livro que contém as leituras bíblicas que usamos nas celebrações eucarísticas. Nele, os trechos das Sagradas Escrituras (que comumente chamamos de *perícopes*) estão organizados de acordo com cada ocasião, como a celebração eucarística dominical, a de dia de semana (que chamamos de *ferial*, que vem da palavra *feira* dos dias da semana), a de alguma festa ou solenidade, entre outras.

O Elenco das Leituras da Missa (ELM), que ordena as leituras bíblicas para cada dia e traz as indicações para o seu uso, foi promulgado pelo Papa Paulo VI em 1969 como parte do Missal Romano. No ano seguinte, a Congregação para o Culto Divino publicou a edição latina do Lecionário, contendo os próprios textos das leituras. Em 1981, já no pontificado de João Paulo II, foi promulgada uma segunda edição do ELM, que está atualmente vigente.

A tradução brasileira oficial do Lecionário só foi definitivamente publicada em 1994, depois de algumas versões de caráter experimental. Foram publicados então três volumes. O mais importante e que quase toda comunidade tem é o **Lecionário Dominical**, que contém as leituras dos domingos e das solenidades, divididas pelos ciclos A, B e C – logo abordaremos essa divisão. Existe também o **Lecionário Semanal**, que contém as leituras dos dias de semana, organizados segundo o ano par ou ímpar. Esse volume não faz referência às memórias e às festas dos santos. Para isso, existe um terceiro livro, o **Lecionário Santoral**, ou *Lecionário para as missas dos Santos, dos comuns, para diversas necessidades e votivas*. Quando abordamos o Missal Romano, observamos quando é o caso de usar um ou outro.

Em 2001, foi publicado um quarto volume, o **Lecionário do Pontifical Romano**, para facilitar a leitura dos textos previstos para as missas rituais que constam no Pontifical Romano e são presididas pelo bispo: a confirmação, a ordenação, a profissão religiosa, a bênção abacial, a dedicação de uma igreja, entre outras.

Essa composição do Lecionário em quatro volumes não é universal, já que o ELM prescreve que a conferência episcopal determine o modo mais adequado de dividi-lo e apresentá-lo (ELM, n. 113). Vale notar que antes da reforma litúrgica, a Liturgia da Palavra era composta apenas por um trecho de alguma epístola e pelo Evangelho. Além disso, eram lidas pelo presidente da celebração, em latim. Por serem tão reduzidas, as leituras cabiam no mesmo volume que continha as orações da missa, ou seja, o Missal Romano. O Concílio Vaticano II promoveu uma apresentação mais abundante das leituras bíblicas ao longo da liturgia. Por isso, hoje elas são editadas em volumes separados daquele que contém as orações para a missa. Como, porém, a Liturgia da Palavra é parte da celebração eucarística, continua-se considerando o Lecionário uma parte do Missal Romano.

Outro livro que pode ser usado durante a Liturgia da Palavra é o **Evangeliário**. Trata-se de um volume que contém apenas as perícopes do Evangelho de cada domingo, festa ou solenidade. O texto é apresentado em letra maior e a edição costuma ser ricamente decorada, para expressar o valor eminente dos textos evangélicos, que contêm a Boa Nova do próprio Filho de Deus (ELM, n. 36). Além dos adornos da própria edição, o Evangeliário costuma ser guarnecido de uma capa extra, ricamente trabalhada, em geral feita de metal ou de tecidos nobres.

Todos esses detalhes apontam para a centralidade do texto evangélico. É também devido a essa importância única que o Evangeliário, quando é usado, é conduzido solenemente na procissão de entrada, de preferência nas mãos de um diácono, e fica sobre o altar até o momento da proclamação do Evangelho, quando o diácono ou o presbítero o levam em procissão até o ambão. O Lecionário, por sua vez, não é levado e permanece sempre no ambão.

O sentido do uso do Evangeliário nos domingos e nas solenidades é ressaltar a importância do Evangelho, deixando claro que sua proclamação é o ápice da Liturgia da Palavra. Convém, portanto, valorizá-lo como sinal da Palavra de Deus, realizando, se for possível, uma verdadeira procissão do altar até o ambão, também com o uso de velas e incenso, de acordo com a ocasião (VD, n. 67; ELM, n. 17). O Evangeliário assume assim a importância de sinal da Palavra de Deus em vários contextos litúrgicos. Nas ordenações episcopais, por exemplo, dois diáconos seguram o Evangeliário aberto sobre o ordenando ajoelhado precisamente durante a oração consecratória. O Evangeliário também é usado nas missas exequiais de bispos, aberto sobre o caixão já fechado. No Natal, é costume, em muitos lugares, inclusive na liturgia papal, posicionar o Evangeliário aberto próximo à imagem do Menino Jesus como sinal da Palavra que se fez carne. Nesse caso, o Evangeliário deve ser levado até lá logo após a proclamação do Evangelho.

O Lecionário é um riquíssimo instrumento mistagógico e catequético, devido ao modo como dispõe, com abundância, os textos das Sagradas Escrituras. As leituras dos domingos, das festas e das solenidades estão organizadas de modo a se relacionarem entre si. A primeira leitura, o salmo, a segunda leitura – esta nem sempre – e o Evangelho compõem uma unidade de sentido, abordando um tema em comum, que geralmente é explicitado com mais força no Evangelho. Esse critério é também chamado pelo ELM de *composição harmônica* (ELM, n. 66). Na seleção das leituras que compõem o Lecionário, ele foi usado em combinação com outro critério, que é o de **leitura semicontínua**, isto é, a leitura mais ou menos integral de um livro bíblico do começo ao fim.

Por exemplo, nos domingos do Tempo Comum, geralmente se lê, de forma semicontínua, algum dos três Evangelhos sinóticos. A primeira leitura, por sua vez, traz um trecho do Antigo Testamento que apresenta alguma relação com o Evangelho. Já a segunda leitura, sempre de uma carta apostólica do Novo Testamento ou do Apocalipse, é selecionada segundo o critério da leitura semicontínua – ou seja, não tem uma relação explícita com as outras.

Nos domingos dos tempos mais fortes – o Advento, o Tempo de Natal, a Quaresma e o Tempo Pascal – e nas solenidades prevaleceu o critério da composição harmônica, em atenção às características especiais de cada celebração. A seleção dos textos da Quaresma do Ano A, por exemplo, remete a uma tradição da Antiguidade que os escolheu tendo em vista a preparação dos catecúmenos para receberem os sacramentos na Vigília Pascal.

O chamado *título* (ELM, n. 106, 123), que costuma ser formado com palavras do próprio texto, ajuda, quando necessário, a explicitar a ligação entre as leituras da mesma celebração. Trata-se daquela frase em itálico no cabeçalho de cada documento.

Vejamos dois exemplos que ajudarão a constatar a unidade temática típica da liturgia dominical.

Exemplo 1

Pegue a sua Bíblia e dê uma olhada nas leituras que a Igreja traz para o 15º Domingo do Tempo Comum, no Ano A: Is 55,10-11; Sl 64; Rm 8,18-23 e Mt 13,1-23. Leia com calma esses trechos. Você

> logo vai notar que existe muito em comum entre a primeira leitura, o salmo e o Evangelho. A segunda leitura segue de forma semicontínua a Carta de São Paulo aos Romanos, que se estende do 9º ao 24º domingo do Tempo Comum no Ano A.
>
> ## Exemplo 2
> Encontre em sua Bíblia as leituras do 5º Domingo da Quaresma do Ano B: Jr 31,31-34; Sl 50; Hb 5,7-9 e Jo 12,20-33. Leia com atenção essas passagens e perceba que existe um fio condutor que as liga. Nesse caso, o tema comum pode ser definido como a iminência da Nova Aliança consumada no sangue de Cristo, que, como sinal do amor abundante de Deus, salva e cria corações novos. De fato, são característicos da Quaresma do Ano B textos do Evangelho de João sobre a glorificação de Cristo por sua morte e ressurreição (ELM, n. 97).

As **leituras dominicais** estão estruturadas em um ciclo de três anos, que chamamos de *A*, *B* e *C*. Em cada um deles, predomina, durante o Tempo Comum, um dos três Evangelhos sinóticos: de Mateus, de Marcos e de Lucas, respectivamente. Como o Evangelho de João tem uma estrutura bem diferente dos outros três, ele não compõe um ciclo próprio, mas é lido com frequência nos tempos fortes. Para identificar em qual ano estamos, basta saber que os anos múltiplos de 3 são sempre C. Além disso, é bom lembrar que os anos A, B e C correspondem ao ano litúrgico e começam, portanto, no Advento. Assim, o ano de 2019, por exemplo, é C, com início em novembro de 2018, no 1º domingo do Advento.

As **leituras dos dias de semana** funcionam de maneira independente das leituras dominicais e festivas e não estão estruturadas em um ciclo trienal, mas bienal ou, dependendo do tempo litúrgico, repetem-se anualmente. No ciclo bienal, referimo-nos aos anos apenas como ano par e ano ímpar. Por exemplo, nos dias de semana do Tempo Comum, o Evangelho se repete a cada ano, mas a primeira leitura é distribuída em um ciclo bienal, de caráter preponderantemente semicontínuo. Nesse caso, as leituras que o Lecionário indica para cada dia não necessariamente têm relação entre si. Não há segunda leitura nos dias feriais.

Tomemos como exemplo as leituras da 29ª Semana do Tempo Comum. Nela, o Evangelho é sempre tirado do capítulo 12 de Lucas: a cada dia, a leitura avança um pouco, indo do versículo 13 ao 59 e pulando os versículos 22 ao 34, que já são previstos para outros dias. Já a primeira leitura, nos anos ímpares, é da Carta de São Paulo aos Romanos, e, nos anos pares, da Carta de São Paulo aos Efésios. Podemos ter um panorama dessa riqueza olhando para o quadro a seguir, que mostra os livros e os capítulos (os versículos estão omitidos para facilitar a visualização) lidos como primeira leitura nos dias de semana do Tempo Comum:

Quadro 2.5 – Primeira leitura nos dias de semana do Tempo Comum

Semana do Tempo Comum	Primeira Leitura – Ano I (ímpar)	Primeira Leitura – Ano II (par)
1	Hb 1, 2, 3, 4	1Sm 1, 3, 4, 8, 9
2	Hb 5, 6, 7, 8, 9	1Sm 15, 16, 17, 18, 19, 24; 2Sm 1
3	Hb 9, 10, 11	2Sm 5, 6, 7, 11, 12
4	Hb 11, 12, 13	2Sm 15, 16, 18, 19, 24; 1Rs 2, 3; Eclo 47
5	Gn 1, 2, 3	1Rs 8, 10, 11, 12, 13
6	Gn 4, 6, 7, 8, 9, 11; Hb 11	Tg 1, 2, 3
7	Eclo 1, 2, 4, 5, 6, 17	Tg 3, 4, 5
8	Eclo 17, 35, 36, 42, 44, 51	1Pd 1, 2, 4; Jd
9	Tb 1, 2, 3, 6, 7, 8, 11, 12	2Pd 1, 3; 2Tm 1, 2, 3, 4
10	2Cor 1, 3, 4, 5	1Rs 17, 18, 19
11	2Cor 6, 8, 9, 11, 12	1Rs 21; 2Rs 2, 11; Eclo 48; 2Cr 24
12	Gn 12, 13, 15, 16, 17, 18	2Rs 17, 19, 22, 24, 25; Lm 2
13	Gn 18, 19, 21, 22, 23, 24, 27	Am 2, 3, 4, 5, 7, 8, 9
14	Gn 28, 32, 41, 42, 44, 45, 46, 49, 50	Os 2, 8, 10, 11, 14; Is 6

(continua)

(Quadro 2.5 – conclusão)

Semana do Tempo Comum	Primeira Leitura – Ano I (ímpar)	Primeira Leitura – Ano II (par)
15	Ex 1, 2, 3, 11, 12	Is 1, 7, 10, 26, 38; Mq 2
16	Ex 14, 16, 19, 20, 24	Mq 6, 7; Jr 1, 2, 3, 7
17	Ex 32, 33, 34, 40; Lv 23, 25	Jr 13, 14, 15, 18, 26
18	Nm 11, 12, 13, 14, 20; Dt 4, 6	Jr 28, 30, 31; Na 2, 3; Hab 1, 2
19	Dt 10, 31, 34; Js 3, 24	Ez 1, 2, 3, 9, 10, 12, 16, 18
20	Jz 2, 6, 9, 11; Rt 1, 2, 4	Ez 24, 28, 34, 36, 37, 43
21	1Ts 1, 2, 3, 4	2Ts 1, 2, 3; 1Cor 1
22	1Ts 4, 5; Cl 1	1Cor 2, 3, 4
23	Cl 1, 2, 3; 1Tm 1	1Cor 5, 6, 7, 8, 9, 10
24	1Tm 2, 3, 4, 6	1Cor 11, 12, 13, 15
25	Esd 1, 6, 9; Ag 1, 2; Zc 2	Pr 3, 21, 30; Ecl 1, 3, 11, 12
26	Zc 8; Ne 2, 8; Br 1, 4	Jó 1, 3, 9, 19, 38, 40, 42
27	Jn 1, 2, 3, 4; Ml 3; Jl 1, 2, 4	Gl 1, 2, 3
28	Rm 1, 2, 3, 4	Gl 4, 5; Ef 1
29	Rm 4, 5, 6, 7, 8	Ef 2, 3, 4
30	Rm 8, 9, 11	Ef 4, 5, 6; Fl 1
31	Rm 11, 12, 13, 14, 15, 16	Fl 2, 3, 4
32	Sb 1, 2, 3, 6, 7, 13, 18, 19	Tt 1, 2, 3; Fm; 2Jo; 3Jo
33	1Mc 1, 2, 4, 6; 2Mc 6, 7	Ap 1, 2, 3, 4, 5, 10, 11
34	Dn 1, 2, 5, 6, 7	Ap 14, 15, 18, 19, 20, 21, 22

Fonte: Just, 2009, tradução nossa.[1]

2.3 O pão e o vinho

Os primeiros materiais necessárias – os únicos, aliás, absolutamente imprescindíveis – para a celebração eucarística são o **pão** e o **vinho**, assumidos por Jesus na última ceia como sinal da sua entrega. O pão a ser usado na celebração eucarística deve ser de trigo, sem mistura. Não

---

[1] Reproduzimos apenas as indicações das leituras, independentemente da origem dos textos e da extensão de leitura dos capítulos.

pode, por exemplo, ser pão de arroz, de milho ou de outros grãos, nem conter outros ingredientes na sua receita a não ser farinha e água. Além disso, deve ter sido confeccionado recentemente, para que não se corra o risco de estar estragado (IGMR, n. 320).

Desde o século IX, a tradição latina convencionou, por norma, que o pão para a Eucaristia deve ser ázimo, isto é, sem fermento – como os pães que alimentaram os hebreus na fuga do Egito, ocorrida às pressas, de tal maneira que não foi possível esperar que a massa levedasse (Ex 12,39). Em memória do Êxodo, a páscoa hebraica é celebrada com os ázimos. Já no Oriente, católicos e ortodoxos admitem o uso do pão levedado.

O vinho usado para a celebração eucarística pode ser tinto, branco ou rosado, desde que seja de uva, puro e natural (IGMR, n. 322). É para garantir essas condições que se produz o vinho especial para a missa, o chamado *vinho canônico*. Não é que outros vinhos sejam impróprios para a Eucaristia, essa condição serve apenas para se certificar de que se trata de vinho sem mistura. Além disso, o processo de produção do vinho canônico, que o torna mais licoroso, permite que ele seja conservado por mais tempo, já que o consumo de suas garrafas é mais lento.

A Igreja prescreve essas normas em atenção à **veracidade** do sinal litúrgico. O pão de trigo e o vinho de uva, além de já serem empregados há quase dois mil anos nas celebrações, foram usados pelo próprio Jesus. Além disso, são dois alimentos que apresentam uma rica simbologia no Antigo Testamento (veja Gn 18,5; Ex 16,35; 1Rs 17,7-17, para o pão; e Sl 103,15; Ct 1,2; Zc 10,7, para o vinho). Podemos dar ainda mais um passo e constatar que, culturalmente, ambos sempre foram símbolos muito fortes e cheios de significado, sobretudo na cultura mediterrânea, na qual o cristianismo se originou. O pão e o vinho estão, pois, carregados de sentidos que lhes foram atribuídos durante a história da humanidade e a história da salvação. Usar outros elementos, ainda que visualmente parecidos, seria falsear e artificializar esses sinais, reduzindo sua força.

O pão "tem a beleza metafórica de só poder ser comido se partido. [...] Não se come sozinho um pão distribuído. E além disso, os muitos grãos formam um só pão, como os muitos membros fazem uma só comunidade, retratando-lhe a diversidade e a unidade" (Libanio, 2005, p. 80). O vinho também expressa essa realidade da comunhão, sendo produzido a partir de muitas uvas, que apenas esmagadas desprendem o seu melhor. Enquanto o pão, porém, recorda o alimento do dia a dia, ganho com o suor do trabalho, o vinho exprime a dimensão festiva da vida e está ligado à intimidade das relações (Libanio, 2005, p. 84-85). "Sob a espécie do vinho, Cristo dá-nos o seu sangue divino, não como uma bebida prudente e comedida, mas como excesso da magnificência divina" (Guardini, 1993, p. 43).

Toda essa riqueza simbólica, porém, se perde se não for assimilada pelos sentidos. Já vimos que a liturgia é feita de sinais sensíveis. Eles precisam, portanto, comunicar-se com os nossos sentidos e não simplesmente transmitir uma ideia, um conceito. Por isso, em atenção ao mesmo critério de veracidade, o pão deve ter aparência de pão (IGMR, n. 321).

Há séculos usamos as finas partículas de trigo e a água para as nossas celebrações, mas essa é uma prática que vale a pena ser revista. A pessoa comum não identifica a partícula imediatamente como pão. Não é à toa que as crianças, ou mesmo pessoas adultas que não foram ensinadas sobre isso, costumam chamar a partícula de "bolachinha" ou algo assim – e até mesmo se espantam quando lhes dizem que aquela partícula é pão. Não aparentando ser pão e não tendo a sustância desse alimento, sacrificamos a veracidade do sinal e sua força mistagógica à mera praticidade e à economia, únicas vantagens das atuais partículas.

Pela mesma razão da força do sinal, convém realizar a comunhão, sempre que possível, sob as duas espécies. É aí que ela "realiza mais plenamente o seu aspecto de sinal" (IGMR, n. 281). Outro modo de valorizar os sinais da liturgia e torná-los expressão mais visível dos textos bíblicos e litúrgicos é o uso de um só pão, que, antes da comunhão, é partido para todos os fiéis (IGMR, n. 321), e de um só cálice, dado a beber a cada fiel. Do contrário, "o gesto antropológico e familiar que sustenta a experiência de filiação e de fraternidade permanece meramente virtual" (Grillo, 2017, p. 90). A Igreja insiste, ainda, também baseada na preocupação pela veracidade dos sinais, que, se não for possível que todos comunguem do mesmo pão, ao menos que seja de pão consagrado naquela celebração – e não da reserva do sacrário (IGMR, n. 13, 85). Se uma comunidade quiser dar um importante passo que é passar a usar o pão ázimo em vez das partículas compradas em lojas de artigos litúrgicos, apresentamos uma receita para tanto. Com isso, manifesta-se de modo ainda mais intenso a participação da comunidade na oferta depositada sobre o altar.

> Misture uma xícara de farinha, uma pitada de sal, água e uma colher (sopa) de óleo, formando uma massa como para pão comum. Sove bastante e espalhe até conseguir uma camada fina (entre três e quatro milímetros de espessura), formando um pão achatado e redondo de 15 a 20 cm de diâmetro. Com uma espátula ou uma faca, desenhe os cortes na massa, para facilitar a fração durante a celebração. Leve ao forno para assar, tendo o cuidado de colocar no forno uma vasilha com água para evaporar e, assim, evitar que o pão fique duro. Se assim mesmo o pão endurecer, embrulhe-o em pano úmido, uma hora antes do início da celebração. (Buyst, 2005, p. 38)

Em atenção às pessoas celíacas, o pão pode ser feito de farinha de trigo com pouco glúten, comercialmente chamada por vezes de *farinha de trigo sem glúten*, que contém essa substância em uma quantidade mínima, geralmente aceita pelo organismo da pessoa com essa condição. Nesse caso, o pão com baixo teor de glúten deve ser mantido à parte, quer antes quer depois da consagração, para evitar qualquer contato com o pão feito de farinha normal. Caso ainda assim a pessoa celíaca prefira não arriscar, ela pode comungar apenas do vinho. Igualmente, porém, deve ser usado um cálice à parte, já que pouco antes da comunhão o presidente da celebração deita uma parte do pão no cálice.

A Igreja também considera válido o uso de mosto, isto é, o sumo da uva "quer fresco quer conservado de modo a interromper a fermentação mediante métodos que não lhe alterem a natureza" (Congregação para a Doutrina da Fé, 2003), como o congelamento. Essa permissão existe para os casos em que o presidente da celebração não pode ingerir álcool etílico.

2.4 Os objetos e os paramentos

Para bem preparar e bem servir a celebração eucarística, é importante conhecer os objetos usados, sobretudo aqueles que estão diretamente relacionados com o manuseio do pão e do vinho. Chamamos genericamente os objetos feitos de tecido de *alfaias* e os outros, feitos geralmente de metal ou de outros materiais sólidos, de *vasos*. Já as vestes são chamadas de *paramentos*.

Vale lembrar da índole própria do rito romano, que se caracteriza pela nobre simplicidade. Segundo essa sensibilidade, é belo e nobre o que é simples, não opulento ou elitista. E é simples aquilo que é belo e nobre, e não o que é simplório ou banal. A beleza na liturgia, como vimos, é ícone, e não ídolo – não deve, portanto, chamar a atenção para si, mas remeter a um outro. A índole do rito romano é um caminho bastante propício para apontar essa beleza que se distancia do luxo e se revela na simplicidade. A escolha dos objetos usados na liturgia se guia por essa sensibilidade.

Figura 2.2 – Os objetos litúrgicos usados na preparação dos dons

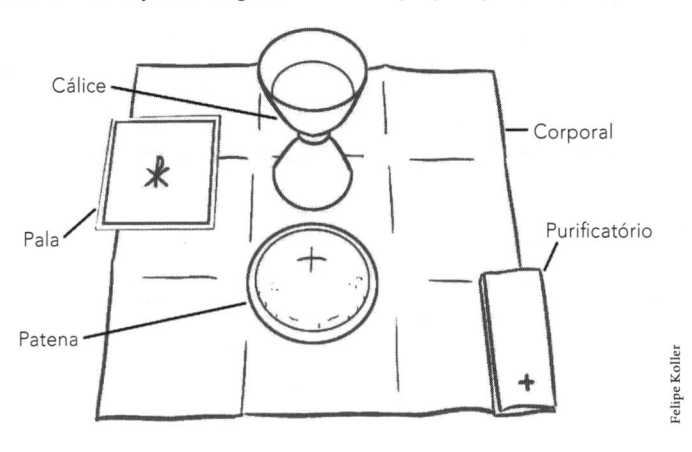

```
         Cálice
                              Corporal

    Pala
                              Purificatório

    Patena
```

Felipe Koller

Os objetos mais centrais na celebração são o cálice e a patena, que contêm o vinho e o pão. Chamamos genericamente de *patena* o prato, geralmente de forma circular, em que se depõe o pão. É comum que se trate de um prato raso e pequeno, de metal, sobre o qual se coloca apenas a chamada *hóstia magna*. Existem, porém, outros modelos, mais fundos e amplos, que permitem que sejam colocadas todas ou a maior parte das partículas do pão que serão consagradas. Como vimos anteriormente, ao falar do pão, esse modelo parece responder melhor à exigência de veracidade do sinal (IGMR, n. 331). Da mesma forma, quando for usado um pão ázimo de dimensões maiores, é necessária uma patena de diâmetro maior. Podem ser usados, além do metal, outros materiais sólidos e adequados ao uso litúrgico (IGMR, n. 329).

Já o **cálice** é o vaso no qual se põe, durante a apresentação das oferendas e daí em diante, o vinho. Se for feito de outro material que não o metal, é importante que seja um que não absorva líquido, ao menos na copa ou em seu revestimento (IGMR, n. 330). Além do cálice principal, existem também pequenos cálices que podem ser usados para a comunhão dos fiéis, por intinção (isto é, imergindo o pão consagrado no vinho consagrado). Embora tenham a boa intenção de garantir a comunhão sob as duas espécies, prejudicam o sinal do único cálice (Grillo, 2017). Por isso, é melhor o uso de um só cálice, que o ministro passa a cada fiel para que dele beba. Nesse caso, o ministro usa um purificatório para limpar sua borda após a comunhão de cada fiel (IGMR, n. 285-286).

O **cibório**, também chamado de *âmbula* ou *píxide*, é um vaso em que se colocam as partículas do pão, seja antes, seja depois da consagração. Também pode ser feito de metal ou outro material sólido e digno. Para preservar o sinal do único pão, é bom reservar o uso do cibório apenas para quando ele for de fato necessário, pela grande quantidade de fiéis, e para guardar a reserva eucarística no sacrário. Nesse caso, quando contém o pão consagrado, existe o costume de cobri-lo com um véu próprio, para sinalizar a diferença de quando contém o pão antes da consagração.

O **corporal** é um pedaço de tecido quadrado, branco e geralmente de linho, que é depositado sobre o altar antes de se colocarem os outros objetos. Serve para que os fragmentos do pão ou as gotas do cálice que porventura caíam durante o manuseio não fiquem diretamente sobre a toalha do altar. Geralmente, é feito de modo que possa ser dobrado em nove partes, ficando com o formato de um pequeno quadrado, que se deixa sobre o cálice ou sobre a patena – no caso destas serem fundas – antes de levar tudo ao altar. Originalmente, o corporal é a própria toalha do altar, de dimensões maiores do que o corporal que conhecemos hoje e colocado diretamente sobre a mesa eucarística (Jungmann, 2008). Caso se distinga a toalha do corporal, ela permanece sempre de cor branca, e não da cor do tempo litúrgico (IGMR, n. 117).

O **purificatório**, também chamado de *purificador*, *sanguinho* ou *sanguíneo*, é um pedaço de tecido branco, geralmente de linho, de formato retangular. Com ele, faz-se a purificação dos vasos, depois da comunhão, e limpa-se a borda do cálice, quando necessário. Antes da apresentação das oferendas, costuma-se deixá-lo sobre o cálice, pendente para os dois lados.

A **pala** é um pedaço de tecido quadrado, branco ou da cor litúrgica, que reveste um papelão ou outro material mais duro. Tem a função de tampar o cálice durante a Liturgia Eucarística. É retirada para a consagração e a comunhão. Costuma ficar sobre o cálice e sobre o purificatório antes de tudo ser levado ao altar.

A **galheta** é cada um dos dois vasilhames – de vidro, metal, cerâmica ou outro material digno – nos quais ficam o vinho e a água que, durante a preparação dos dons, serão deitados no cálice. Já o **lavabo** é um conjunto de jarro e bacia que o presidente da celebração possa lavar as mãos após a preparação dos dons e quando mais for necessário – por exemplo, depois do rito da confirmação. É usado em conjunto com o **manustérgio**, uma toalha branca para o presidente enxugar as mãos. Quando há um só acólito ou coroinha, ele pode dobrar o manustérgio sobre seu antebraço, levando em cada uma das mãos a jarra e a bacia. Dependendo do seu feitio, o jarro para o lavabo e a galheta com a água podem ser um só objeto.

Geralmente, todos os materiais mencionados até agora devem ser preparados e dispostos na **credência**, uma mesa auxiliar não muito distante do altar e que deve ser bem discreta. A patena com o pão e a galheta com o vinho podem ser trazidas em procissão pelo corredor central da igreja, junto com o canto de apresentação dos dons, e entregues ao presidente da celebração na sede ou na entrada do presbitério. No quadro seguinte, podemos ver um esquema com duas possibilidades de organização desses objetos na preparação para a celebração. A primeira corresponde àquilo que indicamos aqui como o ideal, devido à força dos sinais litúrgicos envolvidos. A segunda é aquela que ainda é a mais comum nas paróquias.

Quadro 2.6 – Organização dos objetos para a celebração eucarística

Opção 1		Opção 2
Em uma mesa no fundo da igreja, para que sejam levados em procissão ao altar	**Na credência**	**Na credência**
Patena com o pão, coberta ou não pelo corporal dobrado.	Cálice, pala e purificatório (o purificatório vai dobrado sobre o cálice e sob a pala, pendendo para os dois lados).	Cálice montado da seguinte forma: sobre o cálice, na ordem, o purificatório, pendendo para os dois lados, a patena com a hóstia principal, a pala e o corporal, dobrado.
	Corporal (caso não entre sobre a patena, devido às dimensões de um ou de outro).	
Galheta com o vinho ou ambas as galhetas, dentro de um galheteiro.	Lavabo, manustérgio e a galheta com a água, caso não entre em procissão.	Cibório(s) com as hóstias e galhetas com vinho e água.
	Suporte ou almofada para o Missal.	Suporte ou almofada para o Missal.
	Cibório(s), se necessário (com o pão, para ser consagrado, ou sem, para guardar o restante da comunhão no sacrário).	Lavabo e manustérgio.

Outros objetos que se fazem presentes nos arredores do altar são a **cruz** e as velas. Prescreve-se que haja "sobre o altar ou perto dele uma cruz com a imagem do Cristo crucificado" (IGMR, n. 117), e apenas uma (IGMR, n. 122), "bem visível para o povo reunido" (IGMR, n. 308). Essa cruz pode ser então a cruz processional, mas, se já houver um crucifixo sobre o altar ou na parede próxima a ele, a cruz processional deve ser guardada na sacristia ou em algum lugar adequado após a procissão (IGMR, n. 122). O acólito ou o coroinha que leva a cruz processional é chamado de *cruciferário*.

A cruz é um elemento litúrgico muito significativo, como sinal de Cristo que encabeça seu povo em seu êxodo pascal rumo ao Pai (Celam, 2005).

Deve haver **velas** ao redor do altar ou sobre ele – no mínimo duas, ou então quatro ou seis, sobretudo se tratar-se de uma solenidade (IGMR, n. 117). Nem a cruz nem as velas podem impedir que se veja o que acontece sobre o altar (IGMR, n. 307). Pode-se ainda usar a menorá, castiçal de origem hebraica que a Igreja também adotou, embora tenha caído em desuso durante a perseguição aos judeus no fim da Idade Média (Pastro, 2014, p. 172). Além das velas, podem-se usar castiçais sobretudo na procissão de entrada e na proclamação do Evangelho, sempre em número de dois, quatro ou seis. Chamam-se *ceroferários* os acólitos ou os coroinhas que levam os castiçais. As velas têm uma riqueza simbólica toda própria, que sensibiliza facilmente os fiéis. A sua chama está associada ao calor, à luz, à purificação – como fogo que devora aquilo que é efêmero – e à vigilância. O quesito de veracidade do sinal predispõe o uso preferencialmente de velas de cera. Se forem de parafina, é melhor que sejam brancas ou amarelas.

Vale recordar também o **círio pascal**, uma grande vela acesa solenemente na Vigília Pascal e usada durante todo o Tempo Pascal. Ele é sinal da presença de Cristo Ressuscitado na comunidade. Justamente por isso, não convém que imagens de Jesus Ressuscitado dividam o presbitério com o círio, o que o diminuiria como sinal.

O círio é marcado com cinco cravos ou grãos de incenso que simbolizam as chagas de Cristo e assinalado com uma cruz e as letras *alfa* (α ou A) e *ômega* (ω ou Ω), a primeira e a última do alfabeto grego (Ap 22,13), bem como com os algarismos do ano corrente, para denotar o mistério pascal de Cristo – princípio e fim – que se insere no tempo e na história.

Outros objetos não são usados cotidianamente na celebração eucarística. O uso do **turíbulo** ou incensário, por exemplo, denota a solenidade de uma celebração, enriquecendo-a sensorialmente com o perfume do incenso. Embora tenha sido introduzido na liturgia apenas a partir do século IV ou V – devido à associação com os cultos pagãos cuja imposição martirizou tantos cristãos –, o incenso está presente em ambos os testamentos bíblicos como sinal da oração que se eleva aos céus e do reconhecimento da divindade. São João Crisóstomo dizia que nosso coração precisa estar aceso do amor de Deus, como as brasas do turíbulo, e só assim nossa oração sobe a Deus como o incenso (PG 55: 431). São incensados durante a celebração eucarística os elementos que são sinais da presença de Cristo: o altar, as oblatas, a cruz, a assembleia, o presidente, o Evangelho, o círio e a imagem do padroeiro da comunidade.

O turíbulo é normalmente um objeto feito de metal, com uma tampa perfurada e suspenso por correntes, dentro do qual é possível manter aceso carvão em brasa. Nele, queima-se o incenso. Aquele que o usa deve segurá-lo com a mão esquerda, pelas duas argolas que o encimam, uma fixada à sobretampa e outra na ponta da corrente usada para abri-lo e fechá-lo. Na incensação, põe-se a mão esquerda, que segura essas argolas, sobre o peito e com a mão direita segura-se as correntes, próximo ao recipiente das brasas, para balançá-lo e soltar a fumaça do incenso. Costuma-se fazer isso de tal modo que o recipiente das brasas bata nas correntes e produza um som característico. Aquele que o porta durante a celebração e é responsável por mantê-lo aceso é chamado *turiferário*. Quando o turiferário apresenta o turíbulo ao presidente para que nele deposite incenso, deve abrir a tampa do turíbulo pela corrente, afastando os dedos da mão esquerda e, com a mão direita, segurar nas correntes para mantê-lo um pouco elevado, próximo à naveta.

Figura 2.3 – Uso do turíbulo

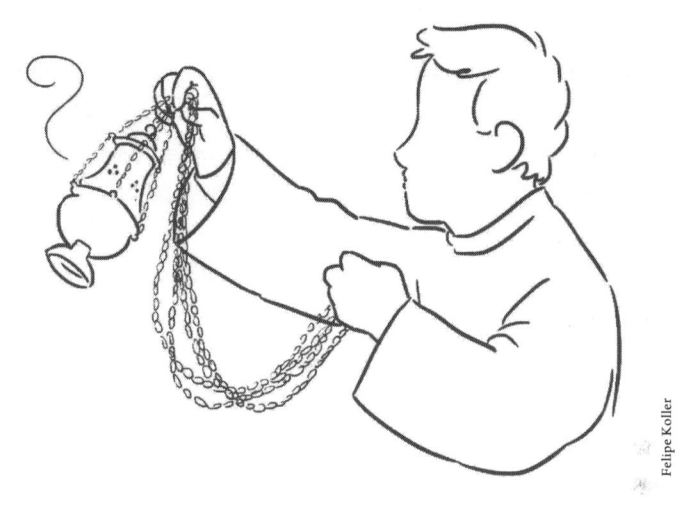

Já a **naveta** é o recipiente no qual fica o incenso antes de ser posto no turíbulo. É acompanhada de uma colherzinha. Tem esse nome porque seu formato clássico lembra um pequeno navio. O acólito ou o coroinha que a porta é chamado *naveteiro*. Ao apresentar o incenso ao presidente, o naveteiro deve se preocupar em deixar a tampa da naveta já aberta e a colher posicionada de modo a facilitar seu manuseio.

Podemos chamar de **aspersório** a duas coisas: o conjunto de caldeira e hissope que se usa para aspergir o povo com água benta ou o objeto portátil usado para o mesmo fim, uma espécie de hissope cuja haste é ao mesmo tempo um recipiente fechado para a água. É conveniente dar preferência à caldeira durante as celebrações na igreja e usar sua versão portátil apenas em visitas as casas ou em outras ocasiões em que fique difícil portar a caldeira. Pode ser usado, em vez de um hissope, um ramo de planta.

A **teca** é um vaso portátil, geralmente no formato de um estojo circular, que se usa para levar o pão eucarístico aos enfermos e encarcerados ou em outras situações em que seja preciso transportá-lo.

Quando se coloca a teca contendo as espécies eucarísticas, sobre alguma mesa ou sobre o altar, deve-se usar um corporal.

O **ostensório**, também chamado de *custódia*, é um vaso usado para a exposição solene do Santíssimo Sacramento. Geralmente tem um formato que o assemelha ao Sol, tendo ao centro um compartimento de vidro no qual se coloca a hóstia consagrada. Quando a contém, o ostensório deve estar sempre sobre um corporal.

A **campainha** é um conjunto de pequenos sinos, de uso opcional, que pode ser tocada durante a elevação do pão e do vinho na consagração e um pouco antes, no momento em que, conforme o costume, os fiéis se ajoelham (IGMR, n. 150). Seu uso remete à liturgia pré-conciliar, quando os fiéis não ouviam as palavras da oração eucarística e costumavam realizar devoções particulares enquanto o padre fazia a consagração. A campainha servia, assim, para avisar os fiéis a respeito do momento da narração da instituição da eucaristia. Devido às mesmas circunstâncias surgiu o gesto de o padre levantar o pão e o cálice após a consagração – esse era o único jeito de possibilitar que os fiéis os vissem.

Para que a diversidade dos ministérios na unidade da Eucaristia seja manifestada visivelmente (IGMR, n. 335), os ministros ordenados usam vestes próprias para as celebrações litúrgicas, que chamamos de **paramentos**. Os paramentos do rito latino se originam dos trajes festivos do fim da época imperial romana – só quando na vida civil se passou a usar outros tipos de vestimentas é que se iniciou a distinção entre veste litúrgica e veste civil (Jungmann, 2008, p. 283). Fato é que a roupa é sempre simbólica, conferindo significado àquele que a usa e ao seu contexto. Além disso, a veste litúrgica manifesta melhor que o serviço desempenhado não tem origem na própria individualidade, mas na Igreja que reconhece e oficializa os carismas de seus membros (CNPL, 2015).

Vamos apresentar a seguir, os paramentos usados pelos ministros ordenados. As vestes dos outros ministros, como os extraordinários da comunhão eucarística, dependem das regras de cada diocese. Vale lembrar que trajes como a batina não são considerados paramentos litúrgicos. A batina se originou como vestimenta para o uso no dia a dia e não propriamente para celebrar os sacramentos.

Figura 2.4 – Paramentos do presbítero na celebração eucarística

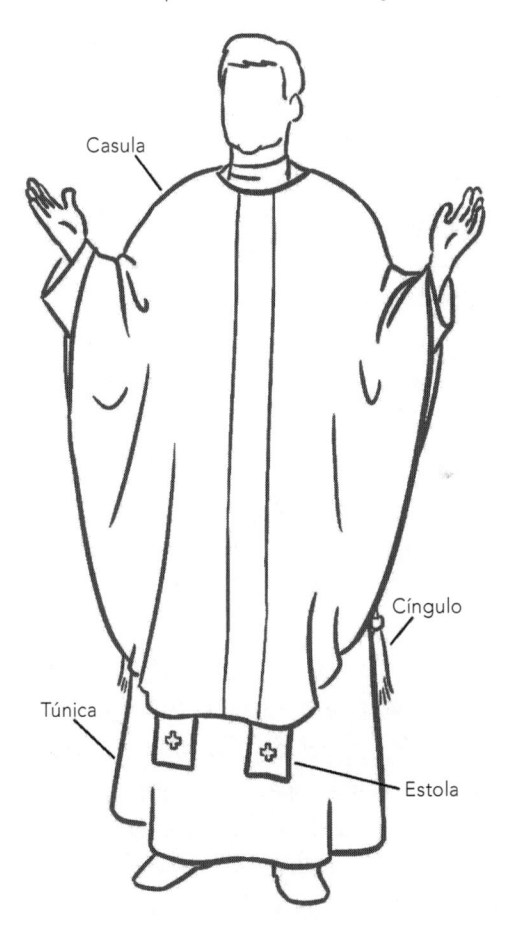

O paramento comum para todos os ministros ordenados e instituídos é a **alva**, uma veste branca que vai até os pés (IGMR, n. 336). Na verdade, ela é a indumentária do batizado – não do sacerdócio ministerial, mas do sacerdócio batismal (CNPL, 2015). É a roupa branca recebida no batismo, sinal daqueles que entraram na ressurreição de Cristo. Nas últimas décadas, tem ocupado seu lugar o que chamamos *túnica*, uma veste parecida, porém mais ajustada ao corpo e geralmente com gola. Todos os ministros ordenados devem usá-la para a celebração eucarística.

Ela pode ser usada com o **cíngulo**, um cordão branco ou da cor litúrgica que serve para ajustar a alva e, se preciso, a túnica ao corpo. Suas pontas terminam em borlas. Já o **amito** é um tecido branco que se amarra com tiras em torno ao pescoço antes de colocar a alva, que é mais aberta no pescoço do que a túnica, de modo que o amito serve para ocultar a roupa civil ou clerical que o ministro está usando. Além disso, facilita a higiene das vestes, de modo a evitar que a alva precise ser lavada com frequência.

Todos os ministros ordenados usam a **estola**, uma tira da cor do tempo litúrgico que, para os bispos e os presbíteros, pende dos ombros diante do peito, e, para os diáconos, é colocada a tiracolo sobre o ombro esquerdo e presa do lado direito do corpo. Ela é usada tanto na celebração eucarística quanto no ministério de outros sacramentos ou sacramentais.

A **casula**, por suas vez, é uma veste ampla da cor do tempo litúrgico, própria da celebração eucarística, que os bispos e os presbíteros colocam sobre a túnica e a estola. Ela nunca é usada fora da celebração eucarística. Sua amplitude e sua cor são muito significativas e por isso deve-se usá-la pelo menos nos domingos e nas festas. A casula mais comumente usada hoje, mais leve e maior, é chamada de *casula gótica*. Já a usada com mais frequência entre o Concílio de Trento e o Concílio Vaticano II, mais endurecida e menor, deixando livres os braços, chama-se *casula romana*.

A **dalmática** é a veste própria do diácono, que a usa na celebração eucarística e em outros sacramentos sobre a túnica e a estola – nunca em cima da sobrepeliz. Pode ser dispensada, pois seu uso está mais ligado a celebrações solenes. Manifesta, porém, muito propriamente o carisma diaconal do serviço: é mais curta que a casula e tem mangas, o que sinaliza a disposição para o trabalho. O mesmo sentido tem a estola transversal do diácono, que deixa livre o braço direito e é da cor do tempo litúrgico.

Figura 2.5 – Paramentos do diácono

A **sobrepeliz** é uma veste branca que vai aproximadamente até os joelhos e tem as mangas largas. Pode ser usada pelos acólitos e pelos coroinhas na celebração eucarística. Os bispos, os presbíteros e os diáconos podem usá-la fora da missa, para ministrar outros sacramentos, ou em procissões e em outras circunstâncias. É sempre usada sobre a vestimenta talar, isto é, a batina ou o hábito religioso.

A **capa de asperges**, ou **pluvial**, é uma capa da cor litúrgica que os ministros ordenados podem usar em procissões ou na celebração de outros ritos diferentes da missa. É usado sobre a túnica e a estola ou sobre a veste talar, a sobrepeliz e a estola. Seu uso mais comum nas paróquias é provavelmente na bênção solene do Santíssimo Sacramento, quando sempre é usado o pluvial branco, acompanhado do véu umeral.

Figura 2.6 – Paramentos do presbítero para a celebração de um sacramento fora da missa ou em outras ocasiões

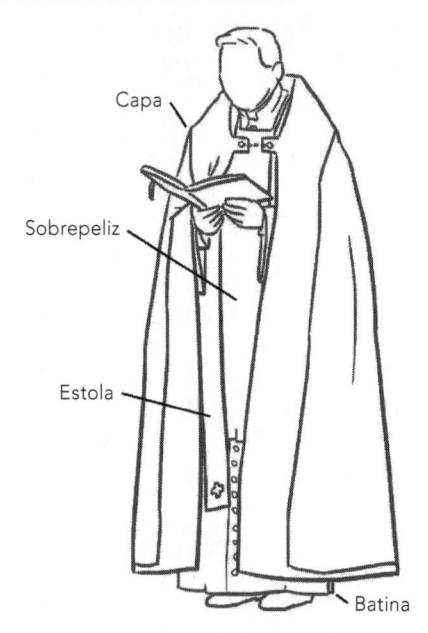

Na celebração eucarística, o bispo veste os mesmos paramentos que o presbítero. De fato, em missas simples, ele pode muito bem sequer usar suas insígnias próprias, com a exceção do anel e da cruz peitoral, os quais ele sempre deve portar. Além disso, o bispo costuma usar também o solidéu, que não é propriamente um paramento litúrgico, mas uma parte da indumentária episcopal. Nas celebrações solenes, porém, ele veste suas insígnias próprias. Além disso, pode usar também, sob a casula, uma dalmática simples, que pode ser sempre branca (CB, n. 56). Com isso, manifesta-se a plenitude do sacramento da ordem.

Agora, vamos conhecer as insígnias episcopais. Ao ser ordenado, o bispo recebe um **anel** como sinal de sua união com a Igreja, sua esposa. Esse anel costuma ser de metal, decorado com algum relevo ou com uma pedra. O bispo o usa sempre, no dedo anular da mão direita (CB, n. 58). O anel que o papa porta chama-se *anel do pescador*, pois costuma trazer a imagem de São Pedro, de quem o papa é sucessor.

Também recebido na ordenação, o significado do **báculo** é claro: emulando o cajado de um pastor, é sinal de seu múnus pastoral. Por isso, o bispo usa o báculo apenas dentro de sua diocese, a não ser que, no caso de uma celebração solene fora de sua prelazia, o epíscopo local permita seu uso. Em uma concelebração com vários bispos, apenas o presidente o usa – sempre com a parte recurvada para a frente. Durante a celebração eucarística, o báculo é usado basicamente em três circunstâncias: nas procissões, enquanto escuta a proclamação do Evangelho e na bênção final. Pode usá-lo também na homilia (CB, n. 59). O acólito ou o coroinha que segura o báculo quando o bispo não o usa – chamado de *baculífero* – deve segurá-lo com a ponta recurvada voltada para si. E de preferência, deve fazer o uso da **vimpa**, um paramento branco ou da cor litúrgica que o bispo leva aos ombros e impede que toque diretamente no báculo. O papa, por sua vez, usa em vez do báculo, a **férula**, ou *cruz pastoral*, chamada assim porque é encimada por uma cruz. Seu uso é idêntico ao do báculo.

A **mitra** é o ornamento de cabeça, com o formato aproximado de dois pentágonos unidos, que simboliza as línguas de fogo que pousaram sobre a cabeça dos discípulos no Pentecostes. As duas tiras que pendem da parte posterior da mitra chamam-se *ínfulas*. Durante a celebração eucarística, o bispo usa a mitra nas procissões, enquanto está sentado (durante as leituras ou os avisos) e na bênção final, podendo vesti-la também durante a homilia (CB, n. 60). Contudo, o bispo não a usa durante as orações de modo geral, como sinal da humildade de quem se dirige a Deus. Os concelebrantes bispos também usam mitras, mas simples, brancas e sem ornamentos. O presidente pode usar uma ornada, exceto nas celebrações da Quaresma, do Advento e em missas pelos defuntos. O papa usa a mitra da mesma maneira que os outros bispos. O acólito ou o coroinha responsável por segurá-la – o *mitrífero* – deve, de preferência, fazer uso da vimpa.

Figura 2.7 – Insígnias episcopais

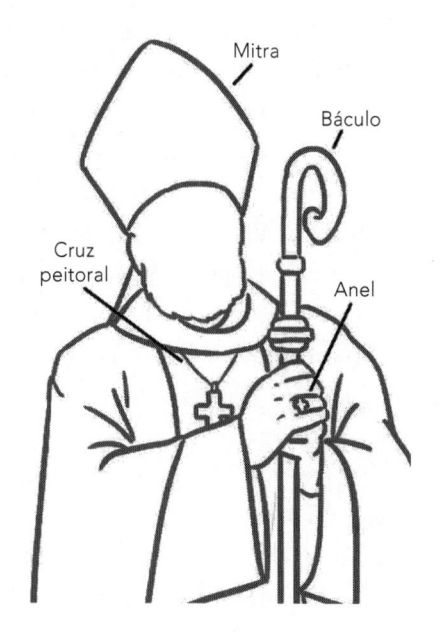

O bispo pode levar a **cruz peitoral** sobre a casula, a não ser que use o pálio. Nesse caso, a cruz é usada por baixo da casula, o que é sempre uma opção (CB, n. 61). O mesmo vale para o papa. O bispo também costuma portá-la no dia a dia, pendurada por uma corrente simples. Quando está com as vestes corais (murça e roquete ou sobrepeliz), usa, em vez da corrente, um cordão trançado de verde e dourado ou, se for cardeal, de vermelho e dourado.

Já o **pálio** é uma insígnia própria do arcebispo metropolitano, que o usa dentro de sua jurisdição nas missas solenes (CB, n. 62). Trata-se de uma tira de lã branca, bordada com seis cruzes, que simboliza a ovelha sobre os ombros do pastor. Os arcebispos residenciais o recebem das mãos do papa quando concelebram com ele a Solenidade de São Pedro e São Paulo, na primeira ocasião após a sua nomeação para uma arquidiocese. Por essa razão, o pálio é também um sinal da unidade dos arcebispos com o papa. Desde 2015, o papa apenas entrega o pálio, depois de mantido por alguns dias junto à urna que contém as relíquias de São Pedro, sob a Basílica Vaticana. A imposição do pálio é feita pelo núncio apostólico – o bispo que atua como embaixador do papa perante um país ou uma região –, na arquidiocese da qual o arcebispo é titular, junto com seu povo.

Vale lembrar que todas essas insígnias, com exceção do pálio, podem ser usadas também por presbíteros que tenham algum tipo de jurisdição, como o abade e o prelado à frente de uma prelazia ou de um ordinariato pessoal. Também podem usar essas insígnias os cardeais que são apenas presbíteros e tenham pedido, por razão de idade avançada, dispensa da necessidade de serem ordenados bispos. Por fim, é interessante saber que o anel, o báculo e a cruz peitoral também podem ser usados por abadessas, dependendo do costume de cada abadia.

No Quadro 2.7, podemos ver algumas opções (representadas pelas letras) para o uso dos paramentos pelo presbítero e pelo diácono, a depender das circunstâncias. Para o bispo, como vimos, vale o mesmo que para o presbítero, exceto pelo uso das insígnias, de cujas especificações já tratamos.

Quadro 2.7 – Paramentos do presbítero e do diácono

Presbítero

Missa

A	B	C
Túnica	Alva ou túnica	Túnica
Estola	Cíngulo	Estola
Casula	Amito	(Cíngulo)
(Cíngulo)	Estola	
	Casula	

Fora da missa

A	B	C	D	E	F
Túnica	Túnica	Veste talar	Veste talar	Alva ou túnica	Alva ou túnica
Estola	Estola	Sobrepeliz	Sobrepeliz	Cíngulo	Cíngulo
Pluvial	(Cíngulo)	Estola	Estola	Amito	Amito
(Cíngulo)			Pluvial	Estola	Estola
					Pluvial

Diácono

Missa

A	B	C
Túnica	Túnica	Alva ou túnica
Estola	Estola	Cíngulo
(Cíngulo)	Dalmática	Amito
	(Cíngulo)	Estola
		Dalmática

Fora da missa

A	B	C	D	E	F
Túnica	Túnica	Túnica	Veste talar	Veste talar	Alva ou túnica
Estola	Estola	Estola	Sobrepeliz	Sobrepeliz	Cíngulo
(Cíngulo)	Dalmática	Pluvial	Estola	Estola	Amito
	(Cíngulo)	(Cíngulo)		Pluvial	Estola
					Dalmática ou pluvial

Alguns dos paramentos indicam a índole da liturgia celebrada por meio de sua cor. São cinco **cores**, fixadas a partir do século XII – no primeiro milênio, usava-se sempre o branco natural do linho (Pastro, 2014). Os elementos que levam essas cores são a estola, a casula, a dalmática e o pluvial e, facultativamente, o cíngulo, a pala, o véu do cálice e o véu do sacrário.

O **branco** é usado no Tempo Pascal e no Tempo do Natal, bem como nas festas do Senhor, da Virgem e dos santos (exceto os mártires). É cor festiva e pascal. É a cor usada também para celebrar o batismo, o matrimônio e a ordenação. Pode ser substituído pelo dourado ou pelo amarelo. Já o **roxo** é próprio dos tempos de espera e de penitência: o Advento e a Quaresma. Também é usado nas celebrações dos fiéis defuntos ou penitenciais, como nas celebrações do sacramento da reconciliação e da unção dos enfermos. É atenuado, facultativamente, pelo **rosa** da alegre expectativa no IV Domingo da Quaresma e no III Domingo do Advento, marcando a proximidade das festas que esses tempos aguardam. O **verde**, cor do crescimento que vislumbramos na natureza, é usado no Tempo Comum. O **vermelho**, por sua vez, tem dois sentidos principais: como fogo, é usado no Pentecostes e na celebração da confirmação; como sangue, é a cor do Domingo de Ramos, da Sexta-Feira Santa, das celebrações dos apóstolos e dos mártires e das exéquias de papas.

2.5 O espaço litúrgico

Cristo é o verdadeiro e único templo da nova aliança. A verdadeira adoração não acontece neste ou naquele lugar, mas "em espírito e verdade" (Jo 4,23-24), ou seja, acontece em Cristo quando nos unimos a ele e tornamos assim o nosso louvor ao Pai um só com o seu, por meio do

Espírito Santo. É isso que a liturgia realiza e expressa – realiza expressando e expressa realizando. Por isso, a concepção cristã de espaço sagrado tem sua peculiaridade. O edifício sagrado – a *domus ecclesiae*, **casa da Igreja** – não é visto como o único lugar em que é possível dirigir-se a Deus, e sim como o lugar em que a assembleia se reúne para a celebração que expressa e concretiza – mas não restringe – a presença e a proximidade de Deus (Celam, 2005).

Dessa maneira, a disposição do espaço deve estar em função da celebração. E como a liturgia é a ocasião na qual a Igreja melhor expressa o que ela é, aquilo que o espaço sagrado diz reflete o modo como enxergamos a Igreja. Por isso, "dar importância secundária às questões artísticas e arquitetônicas significa desvalorizar e desdenhar um dos elementos mais importantes para a comunicação da mensagem da salvação" (Johnson; Johnson, 2006, p. 23). Quando o ambiente litúrgico está assim ordenado e "fala, de modo sublime, do mistério pascal de Cristo, o fiel dispõe-se à celebração litúrgica já ao entrar, levando consigo, na saída, a recordação da experiência para a sua vida cotidiana" (Celam, 2005, p. 330).

O Concílio Vaticano II orientou que, "Na construção de edifícios sagrados, tenha-se grande preocupação de que sejam aptos para lá se realizarem as ações litúrgicas e permitam a participação ativa dos fiéis" (SC, n. 124). Se sabemos que toda a assembleia é celebrante, não convém que a disposição do espaço se dê como se os fiéis fossem espectadores (Celam, 2005). Se cremos que a Igreja constitui um povo unido que participa do sacerdócio de Cristo por meio da diversidade dos ministérios, então o edifício também deve manifestar tanto essa unidade entre toda a assembleia, incluindo o presidente, quanto a diversidade dos ministérios, facilitando a participação de todos (IGMR, n. 294).

Essas considerações, que já vinham do movimento litúrgico, fizeram emergir novos modelos de espaços celebrativos no último século, que, ao mesmo tempo, romperam com algumas concepções nascidas nos séculos anteriores, beberam da influência dos primeiros séculos da Igreja e se exprimiram com o rosto da cultura atual. Isso se manifestou principalmente no rompimento com as plantas longas e estreitas e sua substituição por formas quadradas, circulares, cruciformes ou de leque, favorecendo a participação ativa de toda a assembleia; na mudança da posição do altar, que foi separado da parede, colocado mais próximo da assembleia e teve sua dignidade própria ressaltada; e na redução ao essencial dos elementos no interior do edifício, eliminando os altares laterais e diminuindo o excessivo número de imagens (Celam, 2005).

Alguns dados históricos podem nos ajudar a compreender melhor os desenvolvimentos do último século. Quando a fé cristã deixou de ser clandestina no Império Romano e migrou das casas para as basílicas, os fiéis acompanhavam de perto as ações litúrgicas: durante a Liturgia da Palavra, reuniam-se em torno do ambão e, na Liturgia Eucarística moviam-se para perto do altar. Não havia bancos – eles só apareceram dentro do edifício sagrado a partir do século XIII. Acompanhava-se toda a liturgia de pé, como ainda se faz no Oriente. A introdução dos bancos bloqueou a assembleia em seu lugar, o que, devido à popularização das plantas alongadas, afastou-a do centro da ação litúrgica. No início do segundo milênio, a compreensão da presença real eucarística sofreu uma distorção, tornando-a mais importante do que a celebração eucarística em si. O sacrário passou a ficar sobre o altar – algo obrigatório a partir de 1614 – e se tornou cada vez maior. Ao mesmo tempo, incrementou-se artisticamente a parede do altar, criando-se retábulos diante dos quais a mesa do altar era apenas um detalhe. Ainda, com a popularidade das "missas privadas", as igrejas encheram-se de altares laterais, nos quais diversos padres rezavam a missa ao mesmo tempo (Borobio, 2010).

Na prática, o ambão havia sido eliminado – as leituras eram feitas em latim pelo próprio presidente no altar, voltado para a parede –; a sede não tinha nenhuma relevância litúrgica, exceto nas catedrais;

a cadeira do presidente era um banco pequeno, apenas para descansar em alguns momentos; e o altar havia se reduzido a uma bancada estreita junto ao retábulo, completamente ofuscado diante de enormes sacrários e chamativas imagens de santos (Celam, 2005).

O Concílio Vaticano II devolveu ao altar, ao ambão e à sede a sua devida importância. Esses são os três lugares onde acontecem a maior parte das ações litúrgicas. Dispostos no presbitério, eles são como os pontos focais da celebração – *grosso modo*, a sede, para os ritos iniciais e finais, o ambão, para a liturgia da Palavra, e o altar, para a Liturgia Eucarística.

O movimento litúrgico redescobriu o sentido do **altar**, ara do sacrifício e mesa do banquete, como ícone do próprio Cristo em meio ao seu povo e centro da celebração, para onde se devem voltar os olhares – mais do que para o presidente, para a imagem de um santo ou mesmo para o crucifixo.

> Entre os sinais visíveis do Mistério invisível está o altar, sinal de Cristo pedra viva, descartada pelos homens mas que se tornou pedra angular do edifício espiritual no qual é oferecido ao Deus vivente o culto em espírito e verdade. [...] Por isso, o altar, centro para o qual nas nossas igrejas converge a atenção, é dedicado, ungido com o crisma, incensado, beijado, venerado: para o altar se orienta o olhar dos orantes, sacerdotes e fiéis, convocados para a santa assembleia em volta do mesmo. (Papa Francisco, 2017).

Por isso, as características do altar devem corresponder àquilo que ele é como sinal: ele deve ser um só, em um lugar claramente central do edifício, separado da parede e, de preferência, fixo, de pedra e dedicado segundo o rito próprio (IGMR, n. 296-303; Celam, 2005). Essas características remetem ao modelo litúrgico que preponderou no primeiro milênio, a partir do século IV, quando a pedra começou a se tornar o material mais comum para o altar e ele passou a ser um móvel fixo, no meio do santuário, geralmente no formato aproximado de um cubo, com cerca de um metro de comprimento, de altura e de largura (Borobio, 2010).

Por tudo isso, o altar precisa ter a sua dignidade respeitada. Não deve ser colocado sobre ele, nem dentro nem fora do ato litúrgico, nada que não seja exigido pela celebração (IGMR, n. 306). Ele não é lugar para agendas, anotações, copos com água e imagens. O microfone, se usado sobre o altar, deve ser discreto. Além disso, não se deve cobrir sua toalha com um plástico transparente, com fins de proteção. Se a toalha for usada apenas durante as celebrações, como convém, não há necessidade de protegê-la do pó.

O **ambão** tem também uma dignidade singular, como mesa da Palavra, em paralelo com a mesa eucarística. Por isso, convém que seja fixo, como o altar (IGMR, n. 309). Seu uso deve, portanto, ser sinal que ajude a assembleia a saborear a preciosidade da Palavra. Se ele for usado para outras ações que não sejam as leituras bíblicas, a homilia e a oração dos fiéis, deixa de ser um espaço celebrativo que é sinal da Palavra de Deus e se torna um púlpito qualquer, meramente funcional, sem nenhum caráter mistagógico. Avisos, discursos e coisas do gênero devem, portanto, ser feitos em outro lugar, que claramente não pareça outro ambão (Celam, 2005).

O propósito da **sede** também não é meramente funcional. Ela é sinal de Cristo que preside a assembleia. Por isso, deve ser única, diferentemente dos outros assentos, para indicar não a autoridade do presidente – e por isso não deve parecer um trono (IGMR, n. 310) –, mas a presença de Cristo no meio de seu povo. E assim, como sinal, precisa ser valorizada, como lugar próprio dos ritos iniciais e finais (Celam, 2005). Seu lugar mais apropriado é no fundo do presbitério, a não ser que isso a deixe em uma distância excessivamente grande da assembleia (IGMR, n. 310).

Para manifestar a unidade do rito e a dignidade de todas as suas partes, convém que a sede e o ambão sejam do mesmo material que o altar e formem com ele um conjunto harmonioso. O **presbitério**, ou santuário, local onde essas três peças estão situadas, deve ser um lugar destacado e visível para toda a assembleia. Não deve, porém, dar a sensação de separação, de distância. O mesmo vale para o lugar do coro, que deve mostrar que ele é parte da assembleia e simultaneamente ajudá-lo a desempenhar seu ministério.

A reserva eucarística, mantida no **sacrário**, deve ficar, de preferência, em uma capela própria, que facilite a oração pessoal e silenciosa – como vimos, o centro do presbitério ao fundo é o lugar próprio da sede, e não do sacrário. A pia batismal e o lugar para o sacramento da reconciliação também devem, de preferência, dispor de um espaço próprio. As imagens, por sua vez, cumprem sua função mistagógica se não forem excessivas e se forem dispostas de modo ordenado, deixando clara a centralidade do altar.

A **arte** que se faz presente na casa da Igreja também é guiada por critérios próprios. Ela não deve ser tratada como um artigo de decoração. "A arte forma a sensibilidade religiosa daqueles que a observam ou experimentam, podendo contribuir para uma fé verdadeira ou falsa" (Celam, 2005, p. 333). Hoje, compreende-se o papel da arte na liturgia não de modo meramente didático, como se fosse apenas um instrumento para retratar cenas bíblicas ou da vida dos santos. Ela não se limita a retratar em figuras aquilo que pode igualmente ser descrito em palavras: sua linguagem é evocativa, isto é, ela é capaz de falar o que as palavras não conseguem dizer. Assim, seu papel é mistagógico e "contribui diretamente para a capacidade celebrativa da liturgia", porque esta "não é puramente lógica e sistemática, mas também estética e mística" (Celam, 2005).

Nisso se diferencia a arte sacra ou litúrgica da arte religiosa. Nem toda representação de temas cristãos serve para a liturgia, ainda que tenha todo o seu valor como arte. O que importa na arte litúrgica não é o deleite por si só nem o realismo nas representações – que muitas vezes acabam por desviar-nos do essencial –, mas a revelação da presença do mistério. Nesse sentido, estilos mais próximos da iconografia dos primeiros séculos cristãos parecem ter maior força evocativa do que as representações realistas às quais o Ocidente se acostumou. Isso porque os ícones e as imagens presentes no espaço litúrgico devem fazer com que vejamos além deles. Assim, a arte realista se apresenta um tanto quanto "opaca", fazendo com que o nosso olhar se detenha na própria obra, e não naquilo que ela aponta. O estilo dos ícones, por sua vez, "cria espaço" para que a presença do mistério se manifeste.

A ornamentação do presbitério com **flores** é outro elemento que contribui para o ambiente da celebração. As flores são expressão da vitória de Cristo sobre a morte e de seu amor esponsal à Igreja (Celam, 2005). Vale lembrar que o primeiro encontro com o Ressuscitado aconteceu em um jardim – sinal também na nova criação inaugurada pelo mistério pascal. Devido à índole própria de cada tempo litúrgico, no Advento, deve-se observar uma especial moderação na ornamentação, e, na Quaresma, não se deve ornar com flores o presbitério, exceto nas solenidades, nas festas e no IV Domingo da Quaresma (IGMR, n. 305).

Todos esses elementos devem estar dispostos de modo harmonioso, bem como os elementos que se acrescentam durante determinado tempo litúrgico ou por outra ocasião: a coluna com o círio pascal, que deve estar em lugar de destaque, sem substituir os outros castiçais; a coroa do Advento; o presépio e a árvore de Natal; a imagem do padroeiro, quando se deseja aproximá-la do povo durante suas festividades; os cartazes de campanhas promovidas pela Igreja, entre outros. Deve-se sempre cuidar com a moderação nesses elementos e com a importância do altar, que deve sempre ser claramente o centro da celebração.

Síntese

Conhecer como se organiza a celebração eucarística é um passo importante não só para quem exerce um ministério específico mas também para todo membro da assembleia celebrante, na medida em que torna mais consciente sua participação na celebração. É um saber que dá identidade ao fiel, que diz que a celebração é de toda a comunidade e que ajuda a evitar, assim, os desmandos e as esterilidades do clericalismo. Por isso, a preparação pessoal também é importante. Pequenas coisas como programar-se para não chegar à igreja em cima da hora, cumprimentar os irmãos de comunidade e resguardar um tempo de silêncio antes do início da celebração proporcionam uma experiência mais rica da celebração do mistério pascal.

O Missal Romano é o livro-base da celebração eucarística segundo o rito romano. Sua promulgação, após a reforma litúrgica ordenada pelo Concílio Vaticano II, deu-se em 1969. A edição atual – a terceira – é de 2002. Três tipos de conteúdo predominam no Missal Romano: o próprio, que é constituído pelas orações que são específicas de uma celebração ou de um tempo litúrgico; o ordinário, que é constituído pelos ritos e pelos textos básicos de toda a celebração eucarística; e o comum, que é constituído por orações que contemplam cada grupo de santos, de forma a complementar o próprio de cada um deles – bem como as orações para a dedicação da igreja ou para o seu aniversário.

A unidade fundamental do tempo litúrgico é o domingo, celebração semanal da páscoa do Senhor. O Tríduo Pascal – uma grande celebração que começa na noite da Quinta-Feira Santa e se estende até a Vigília Pascal, na noite do sábado – é o coração do ano litúrgico. Ele é preparado pela Quaresma – que começa na Quarta-Feira de Cinzas e dura cinco domingos mais o Domingo de Ramos e o Domingo da Paixão do Senhor – e prolongado pelo Tempo Pascal, que se encerra no Pentecostes. Podemos chamar a todo esse período de *Ciclo Pascal*.

O outro epicentro do ano litúrgico é o Natal, que é preparado pelo Advento e prolongado no Tempo do Natal, que culmina no Batismo do Senhor, que, no entanto, já é considerado o I Domingo do Tempo Comum – dando início ao ciclo que acontece fora dos ciclos do Natal e da Páscoa, o Ciclo Comum.

O Lecionário do Missal Romano é o livro que contém as leituras bíblicas usadas nas celebrações eucarísticas. Trata-se de um riquíssimo instrumento mistagógico e catequético, pelo modo como dispõe, com abundância, as leituras das Sagradas Escrituras. As leituras dos domingos, das festas e das solenidades estão organizadas de modo a se relacionarem. Essa composição harmônica é um critério combinado com outro, o de leitura semicontínua, isto é, a leitura mais ou menos integral de um livro bíblico do começo ao fim. Outro livro que pode ser usado durante a Liturgia da Palavra é o Evangeliário, cujo uso ressalta a importância do Evangelho no contexto litúrgico e é sinal de Cristo que ensina a comunidade dos discípulos.

Toda a riqueza simbólica do pão e do vinho, elementos centrais da celebração eucarística, perde-se se não for assimilada pelos sentidos. Por isso, convém realizar a celebração com um só pão ázimo – com aparência de pão – e um só cálice repartidos entre toda a assembleia. Os objetos e os paramentos, por sua vez, devem se caracterizar pela nobre simplicidade, que é um traço central da índole do rito romano. É uma beleza que se distancia do luxo e se revela na simplicidade, não chamando a atenção para si, mas remetendo a um outro. Os principais objetos são o cálice e a patena, que contêm o vinho e o pão.

Cristo é o verdadeiro e único templo da nova aliança. A *domus ecclesiae*, casa da Igreja – é o lugar em que a assembleia se reúne para a celebração que expressa e concretiza – mas não restringe – a presença e a proximidade de Deus. Dessa maneira, a disposição do espaço deve estar em função da celebração. E como a liturgia é a ocasião na qual a Igreja melhor expressa o que ela é, aquilo que o espaço sagrado diz reflete o modo como se enxerga a Igreja. O altar, ara do sacrifício e mesa do banquete, é o ícone do próprio Cristo em meio ao seu povo e centro da celebração, para onde se devem voltar os olhares – mais do que para o presidente, para a imagem de um santo ou mesmo para o crucifixo. O ambão tem também uma dignidade singular, como mesa da Palavra, em paralelo com a mesa eucarística. O propósito da sede também não é meramente funcional. Tanto ela quanto o ambão são, respectivamente, sinais de Cristo que anuncia seu Evangelho e de Cristo que preside a assembleia.

A arte que se faz presente na casa da Igreja também é guiada por critérios próprios. Nem toda representação de temas cristãos serve para a liturgia, ainda que tenha seu valor como arte. O que importa na arte litúrgica não é o deleite por si só nem o realismo nas representações – que muitas vezes acabam por desviar a atenção do essencial –, mas a revelação da presença do mistério.

Atividades de autoavaliação

1. Entre as opções a seguir, assinale aquela que corresponde adequadamente a conteúdos presentes no Missal Romano:
    a) Instrução Geral do Missal Romano, próprio do tempo, história da Igreja, bênçãos solenes e orações sobre o povo e missas rituais.
    b) Instrução Geral do Missal Romano, próprio do tempo, ordinário da missa com o povo, via sacra e missas rituais.
    c) Instrução Geral do Missal Romano, calendário litúrgico, próprio do tempo, bênçãos solenes e orações sobre o povo e missas rituais e votivas.
    d) Calendário litúrgico, próprio do tempo, bênçãos solenes e orações sobre o povo, missas rituais e votivas, missas para diversas necessidades e roteiro para recitação do terço.

2. Assinale a alternativa que diferencie de forma correta o Lecionário do Evangeliário:
   a) O Lecionário é o livro que contém todas as leituras bíblicas usadas nas celebrações eucarísticas enquanto o Evangeliário contém apenas o Evangelho para as celebrações eucarísticas dos domingos e das solenidades.
   b) O Lecionário contém apenas os Evangelhos utilizados nas celebrações litúrgicas, enquanto o Evangeliário contém todas as leituras bíblicas.
   c) O Lecionário traz todas as leituras bíblicas do Antigo Testamento, enquanto o Evangeliário apresenta todas as leituras do Novo Testamento.
   d) O Evangeliário se difere do Lecionário apenas por ter um tratamento gráfico especial, capa decorada e ornamentos.

3. A respeito do uso do pão e do vinho na celebração eucarística, analise as afirmativas seguintes.
   I. Não é bom que o pão usado na celebração se pareça com pão. Por isso, usam-se as hóstias.
   II. Na Igreja do Ocidente, usa-se o pão ázimo, isto é, sem fermento.
   III. É obrigatório o uso do chamado *vinho canônico* na celebração eucarística.
   IV. Normalmente, os fiéis devem comungar do pão consagrado na mesma celebração, e não daquele guardado no sacrário.
   V. Pode-se usar vinho branco na celebração eucarística.

   Agora, assinale a alternativa correta:
   a) Apenas as afirmativas III, IV e V estão corretas.
   b) Apenas as afirmativas II, III e V estão corretas.
   c) Apenas as afirmativas I, II e III estão corretas.
   d) Apenas as afirmativas II, IV e V estão corretas.

4. Como a índole do rito romano pode ser um bom caminho de discernimento na escolha dos objetos e dos paramentos litúrgicos a serem usados na celebração?
   a) Os paramentos e os objetos litúrgicos usados devem ser do material e do feitio mais luxuoso possível, pois a Deus deve ser dado o melhor.
   b) A beleza na liturgia não deve chamar a atenção para si, mas remeter a um outro, partindo de uma beleza que se distancia do luxo e se revela na simplicidade.
   c) A estética dos paramentos e dos objetos litúrgicos é completamente indiferente, já que eles servem apenas para identificar os diversos ministérios.
   d) Os objetos e os paramentos litúrgicos devem ser ricos em símbolos e decorações, pois sua função é dar uma maior compreensão do que está acontecendo em determinados momentos da celebração.

5. De que forma o espaço litúrgico contribui para uma experiência litúrgica mais rica?
   a) A disposição do espaço litúrgico deve refletir o objetivo principal da liturgia, que é a devoção individual.
   b) O espaço litúrgico deve ser bastante amplo para possibilitar a presença de uma plateia numerosa.
   c) O espaço litúrgico deve dar destaque sobretudo ao sacrário, centro da ação litúrgica.
   d) A disposição do espaço litúrgico deve estar em função da celebração, deixando clara a centralidade do altar e facilitando a participação ativa.

Atividades de aprendizagem

Questões para reflexão

1. Observe o espaço litúrgico de sua comunidade e os paramentos e os objetos usados na celebração. Eles são mistagógicos – isto é, conduzem ao mistério? Ou, ao contrário, são opacos, seja pela aparência luxuosa, seja pelo descuido?

2. De que forma você pode aprimorar sua preparação pessoal antes da celebração eucarística, para que dessa forma tenha uma experiência mais rica do mistério pascal?

Atividade aplicada: prática

1. Observe e se possível participe da preparação dos objetos litúrgicos assim como da organização das leituras que serão utilizadas durante uma celebração eucarística em sua comunidade.

Palavras dos Santos Padres

Nosso Senhor disse-nos: [...] Eu próprio guardarei os que confiaram em mim. Tornar-Me-ei para eles o altar, e eles tornar-se-ão para Mim o templo, hei-de expor-lhes a vontade de meu Pai.

(Carta dos Apóstolos, citado por Cordeiro, 2015, n. 425,)

Nós, os fiéis, recebemos em depósito realidades que os olhos do nosso corpo não podem ver, por serem muito grandes e temíveis, e por ultrapassarem em muito a nossa natureza. Nem o raciocínio do homem poderia descobri-las, nem a sua palavra expô-las; só o ensino da fé as conhece bem. Foi por isso que Deus nos deu duas espécies de olhos, os olhos do corpo e os da fé. Quando entras para seres iniciado nos santos mistérios, os olhos do corpo veem água, ao posso que os olhos da fé descobrem o Espírito. Os primeiros contemplam o corpo imergido, os segundos, o homem velho sepultado; aqueles, a carne lavada, estes, a alma purificada; aqueles veem o corpo subir das águas, estes, o homem novo subir resplandecente em virtude desta santa purificação; aqueles veem o sacerdote elevar e depois impor a mão direita e tocar a cabeça, estes comtemplam o Sumo Sacerdote que estende invisivelmente a sua mão direita do alto dos Céus e toca a cabeça. Porque aquele que batiza então não é um homem, mas o Filho unigênito, o filho de Deus em pessoa.

O que se passou com o corpo do Senhor passa-se igualmente com o nosso... E o mesmo acontece quanto ao Espírito Santo, no momento da sua vinda: este Espírito repousa também sobre o teu corpo, porque o batismo faz-se em nome do Pai e do Filho e do Espírito Santo.

(João Crisóstomo, citado por Cordeiro, 2015, n. 2568)

Cristo, o filho de Deus, é o esposo, a veste e a túnica que, imergida na água do batismo, já reveste a muitos e espera revestir ainda mais... Ninguém critique a minha audácia ao dizer temerariamente que o Filho de Deus é uma veste, pois o Apóstolo diz: *Todos vós que fostes batizados em Cristo, estais revestidos de Cristo*. Ó túnica sempre única e imutável, que se adapta tão bem a todas as idades e tamanhos, nem demasiado grande para os bebês nem pequena demais para os adultos, e que não precisa de transformação para as mulheres! Vai chegar o dia em que começaremos a celebrar as núpcias celestes. Nesse dia os que tiverem conservado o único batismo pôr-se-ão tranquilamente a mesa.

(Optato de Milevi, citado por Cordeiro, 2015, n. 1967)

Ama a Sagrada Escritura e a sabedoria te amará, ama-a com ternura, e ela te defenderá; honra-a e receberás as suas carícias. Seja ela para ti como os teus colares e os teus brincos. As Sagradas Escrituras são o livro através do qual todos os dias Deus fala aos fiéis.

(Jerônimo, citado por Cordeiro, 2015, n.2775a/b)

A estas realidades, meus irmãos, chamamos-lhes de sacramentos, porque uma coisa é o que se vê e outra o que se reconhece. O que se vê tem forma corporal; o que se reconhece tem fruto espiritual. Portanto, se quereis compreender o que é o corpo de Cristo, ouvi o Apóstolo quando diz aos fiéis: *Vós sois o corpo de Cristo e seus membros*. Por conseguinte, se sois o corpo de Cristo e seus membros, a misteriosa realidade do que sois está posta sobre a mesa do Senhor, e o que recebeis é o vosso mistério. Ao que sois respondeis *Amém* e, respondendo *Amém*, subscreveis, firmais o que sois. Com efeito ouves: "*O corpo de Cristo*", e respondeis "*Amém*". Sê membro do corpo de Cristo, para que seja verdadeiro o teu *Amém*.

Porquê em pão? Não inventemos nada por nós próprios, mas escutemos outra vez o Apóstolo que, ao falar deste sacramento, disse: *Sendo muitos, somos um só pão, um único corpo*. Compreendei e alegrai-vos: unidade, verdade, piedade, caridade. *Um só pão*: quem é este único pão? *Somos muitos num único corpo*. Recordai que o pão não se faz de um só grão, mas de muitos. Quando recebestes os exorcismos, como que fostes moídos. Quando fostes batizados, como que fostes aspergidos. Quando recebestes o fogo do Espírito Santo, como que fostes cozidos. Sede o que vedes e recebi o que sois. Foi isto o que o Apóstolo disse a respeito do pão.

Quanto ao que temos de reconhecer acerca do cálice, embora o não tenha dito, mostrou-o suficientemente. Tal como para que existisse esta espécie visível de pão foi preciso reunir muitos grãos numa única massa [...], o mesmo há de dizer-se do vinho. Recordai, irmãos, como se faz o vinho. São muitas as uvas que pendem do ramo, mas o suco dos bagos funde-se numa só unidade. Assim nos simbolizou Cristo Senhor; querendo que Lhe pertencêssemos, consagrou na sua mesa o mistério da nossa paz e unidade. Aquele que recebe o mistério da unidade e não possui o vínculo da paz não recebe um mistério para seu proveito, mas um testemunho contra si.

(Agostinho de Hipona, citado por Cordeiro, 2015, n. 4015)

Quando Cristo levava em Si os nossos pecados, a todos nós levava. Por isso vemos que na água está figurado o povo, e no vinho o Sangue de Cristo. Quando o vinho se mistura à água no cálice, o povo é unido a Cristo, o povo dos crentes adere e une-se Àquele em que crê [...]. Por isso, quando se santifica o cálice do Senhor, não se pode oferecer apenas água, como também não se pode oferecer apenas vinho. Se alguém oferece apenas vinho, o Sangue de Cristo está sem nós; mas, se apenas se oferece água, o povo está sem Cristo [...]. Por isso, o cálice do Senhor não é só água ou só vinho, mas a mistura de ambos, como o Corpo do Senhor também não pode ser só farinha ou só água, mas ambas as coisas misturadas na fusão de um só corpo.

(Cipriano de Cartago, citado por Cordeiro, 2015, n. 1100)

Queres honrar o Corpo de Cristo? Não permitas que sejas desprezado nos seus membros, isto é, nos pobres que não têm o que vestir, nem os honres aqui no templo com vestes de seda, enquanto lá fora os abandonas ao frio e à nudez. Aquele que disse: *Isto é meu Corpo*, confirmando o fato com a sua palavra, também afirmou: *Vistes-Me com fome e não Me destes de comer*; e ainda: *Na medida em que o recusastes a um destes meus irmãos mais pequeninos, a Mim o recusastes*. No templo, o Corpo de Cristo não precisa de mantos, mas de almas puras; mas na pessoa dos pobres, Ele precisa de todo o nosso cuidado [...].

De que serviria, afinal, adornar a mesa de Cristo com vasos de ouro, se Ele morre de fome na pessoa dos pobres? Primeiro dá de comer a quem tem fome e depois ornamenta a sua mesa com o que sobra. Queres oferecer-Lhe um cálice de ouro e não és capaz de Lhe dar um copo de água? De que serviria cobrir o seu altar com toalhas bordadas a ouro, se Lhe recusas a roupa de que precisa para Se vestir? Que vantagens há nisso? Diz-me cá: Se visses alguém necessitado de alimento e, deixando-o cheio de fome, fosses adornar de ouro a sua mesa, pensas que ele se mostraria agradecido para contigo ou indignado contra ti? E, se o visses coberto de andrajos e morto de frio, o deixasses sem roupa e lhe fosses levantar colunas de ouro, dizendo que o fazias em sua honra, não pensaria ele que estavas a escarnecer da sua indigência com a mais sarcástica das ironias?

Lembra-te de que é o mesmo que fazes a Cristo, quando O vês errante, peregrino e sem teto, e tu, sem O receberes, adornas o pavimento, as paredes e as colunas do templo; suspendes cadeias de prata para os candelabros, mais não vais visitá-lo quando Ele está preso nas cadeias do cárcere. Também não digo isto para impedir os ornamentos sagrados, mas para que se faça uma coisa sem omitir a outra; ou melhor, exorto-vos a tratar do irmão necessitado, antes de ir adornar o templo. Ninguém foi acusado por omitir este segundo cuidado; mas o que despreza os pobres está condenado aos castigos do Inferno, ao fogo inextinguível e ao suplício na companhia dos Demônios. Por conseguinte, enquanto adornas o templo, não esqueças o teu irmão que sofre, porque este templo é mais precioso que o outro.

(João Crisóstomo, citado por Cordeiro, 2015, n. 2622)

Este é o dia que o Senhor fez: exultemos de alegria e cantemos. Como Maria, a virgem Mãe do Senhor, é a primeira entre todas as mulheres, assim o dia de hoje é a mãe de todos os dias. O que acabo de dizer pode parecer uma novidade, mas funda-se na Escritura. Este dia é um dos sete e está para além dos sete. É o chamado oitavo dia [...].

O domingo é o dia da Ressurreição, é o dia dos cristãos, é o nosso dia. Chama-se domingo porque nesse dia o Senhor subiu vitorioso para o Pai. Se os pagãos lhe chamam dia do Sol, também nós estamos perfeitamente dispostos à reconhecê-lo como tal; de fato, hoje nasceu a luz do mundo, hoje nasceu o *Sol de justiça em cujos raios está a salvação.*

(Jerônimo, citado por Cordeiro, 2015, n. 2747)

Quem poderá compreender, Senhor, toda a riqueza de uma só das Vossas palavras? Como o sedento que bebe da fonte, muito mais é o que perdemos do que o que tomamos. A palavra do Senhor apresenta aspectos muito diversos, segundo as diversas perspectivas dos que a estudam. O Senhor pintou a sua palavra com muitas cores, a fim de que cada um dos que a estudam possa descobrir nela o que mais lhe agrada. Escondeu na sua palavra muitos tesouros, para que cada um de nós se enriqueça em qualquer dos pontos que meditar.

A palavra de Deus é a árvore da vida, que de todos os lados oferece um fruto bendito, como a rocha que se abriu no deserto, jorrando de todos os lados uma bebida espiritual. *Comeram,* diz o apóstolo, *uma comida espiritual, e beberam uma bebida espiritual.*

Aquele que chegou a alcançar uma parte desse tesouro, não pensa que nesta palavra está só o que encontrou, mais saiba que apenas viu alguma coisa dentre o muito que lá está. E, porque apenas chegou a entender essa pequena parte, não considere pobre e estéril essa palavra; incapaz de aprender toda a sua riqueza, dê graças pela sua imensidade inesgotável. Alegra-te pelo que alcançaste, e não te entristeças pelo que ficou por alcançar. O que sede alegra-se quando bebe, e não se entristeça por não poder esvaziar a fonte. Vença a fonte a tua sede, e não a tua sede a fonte, porque se a tua sede fica saciada sem que se esvazie a fonte, poderás ainda beber dela quando voltares a ter sede; se, ao contrário, saciada a sede secasse a fonte, a tua vitória seria a tua desgraça.

(Efrém, citado por Cordeiro, 2015, n. 1490)

3
O rito da celebração eucarística

O destinatário maior de toda a prece litúrgica é o Pai. Basta lançarmos um olhar para as orações que compõem a celebração eucarística para percebermos isso claramente. Pouquíssimas vezes elas se dirigem a Cristo: apenas no *Kyrie* e no rito da paz, além de outras partes menores. O mais comum – tanto na liturgia como na vida cristã – é que nós, filhos no Filho, um só com Cristo, dirijamos as preces ao Pai. E tudo isso ocorre no Espírito Santo, "espaço" no qual acontece a relação do Filho e dos filhos com o Pai. Banhados no Espírito do Filho, podemos enfim chamar Deus de *Pai*. Na celebração eucarística, raras vezes nos remetemos diretamente ao Espírito, mas pedimos ao Pai que o envie sobre os dons e sobre a comunidade, para que os torne corpo de Cristo.

A oração litúrgica é, assim, eminentemente trinitária. Ela é a oração do Filho – cabeça e membros –, encaminhada ao Pai no Espírito de Amor. "Com a dinâmica litúrgica, situamo-nos assim no cerne do Evangelho" (Celam, 2005, p. 197). Justamente por isso, a oração litúrgica é a oração própria da Igreja. Ela expressa melhor quem a Igreja é e como ela ora (Celam, 2005). Dessa maneira, ela é modelo da oração cristã. É por meio da liturgia que nos iniciamos na vida cristã. "Não existe nenhum *intellectus fidei* sem um originário *intellectus ritus*. [...] O rito permanece a 'forma mais elevada' do conteúdo cristão", diz Grillo (2017, p. 43-44).

Neste capítulo, acompanharemos parte a parte o rito da celebração eucarística, destacando a expressividade dos sinais que o constituem, especificando o serviço dos ministros e acenando para as especificidades da celebração solene e da liturgia episcopal. A celebração presidida pelo bispo diocesano, acompanhado do seu presbitério, dos diáconos e do povo, tem um significado especial. Assim, "a principal manifestação da Igreja se faz numa plena e ativa participação de todo o povo santo de Deus na mesma celebração litúrgica, especialmente na mesma eucaristia, em uma única oração, em volta do mesmo altar, a que preside o bispo rodeado do seu presbitério e dos ministros" (CB, n. 11).

Essa missa solene, manifestação da Igreja local, é chamada de *missa estacional* (CB, n. 119) e deve ser celebrada de modo a ser um modelo para toda a diocese, sobretudo no que diz respeito à participação ativa de todo o povo (CB, n. 12). Ela deve acontecer sobretudo nas grandes solenidades do ano litúrgico, bem como na missa de consagração do santo crisma e de bênção dos óleos, na solenidade do padroeiro da diocese e nas visitas pastorais, entre outras ocasiões (CB, n. 120).

3.1 Ritos iniciais

Os ritos iniciais têm como finalidade geral formar a assembleia, dispondo-a a acolher a Palavra e a partir o pão, em espírito de oração e comunhão (Celam, 2004). O comentário inicial pode ser útil nesse sentido, mas sempre é bom discernir se, naquela comunidade e naquela situação em concreto, ele mais ajuda ou atrapalha. Fato é que não pode ser feito do ambão e deve ser breve e claro (IGMR, n. 105), proporcionando um ambiente de acolhida em uma comunidade viva, mais do que uma introdução a um evento cheio de formalidades. Mesmo a leitura das intenções da missa pode ser um belo sinal de que a comunidade lembra daqueles que a precederam, guardados pela memória eterna de Deus, e compreende seu cotidiano dentro do mistério da eucaristia (Libanio, 2005).

Para o início da celebração eucarística, organiza-se a procissão de entrada. É importante que, ao menos nas celebrações dominicais, faça-se uma verdadeira procissão, que percorra todo o templo. Ela manifesta a diversidade dos ministérios que formam a Igreja e a sua condição de peregrina neste mundo. É **procissão**: não se anda de qualquer jeito, tampouco de modo afetado, e sim em uma nova qualidade da ação caminhar como ato ritual. Nesse sentido, a escolha do **canto de entrada**, ou *introito*, faz toda a diferença, quando é capaz de demarcar o ritmo da procissão (Grillo, 2017). Além disso, é claro, o canto precisa introduzir o mistério específico do tempo litúrgico ou da festa (IGMR, n. 47). O ideal é que seja uma musicalização da letra da antífona de entrada ou inspirado nela.

Convém que a procissão de entrada seja sempre precedida pela **cruz processional**, que pode ser ladeada por dois castiçais. O presidente da celebração sempre vai por último. Se houver presbíteros concelebrantes, eles seguem à frente do presidente; além disso, se houver diáconos, eles vão à frente dos presbíteros. Se houver apenas o presbítero que preside e um diácono, os dois caminham lado a lado (IGMR, n. 172), exceto se o diácono levar o Evangeliário. Os outros ministros, como os coroinhas, os acólitos, os ministros extraordinários da comunhão eucarística e leitores, seguem depois da cruz e antes dos ministros ordenados (IGMR, n. 120). Geralmente, os coroinhas vão mais à frente e os ministros extraordinários da comunhão eucarística, mais atrás. Se a comunidade dispuser de um **Evangeliário**, deve usá-lo aos domingos e nas festas para ressaltar a importância da Palavra de Deus. O Evangeliário deve ser levado pelo diácono ou, na ausência dele, por um leitor, fechado e um pouco elevado (IGMR, n. 120).

No caso de uma celebração **solene**, o **incenso** – turiferário e naveteiro – vai à frente da cruz, abrindo a procissão. O modo mais comum de fazer isso é que o acólito ou o coroinha que porta a naveta siga à esquerda, e aquele que porta o turíbulo, à direita (do ponto de vista de quem está fazendo parte da procissão). Dessa maneira, sempre que eles se apresentarem ao presidente para que ele deite incenso no turíbulo, o movimento da mão dele da naveta ao turíbulo com a colher fica facilitado, supondo que ele seja destro. Eles devem, de fato, apresentar-se ao presidente logo antes do início da celebração, para que ele coloque um pouco de incenso – o tradicional é três colheres – no turíbulo. Em seguida, dirigem-se para o início da procissão. Nas solenidades, a cruz pode ser ladeada por mais de duas velas – quatro, seis ou, se o presidente for o bispo diocesano, sete. Se houver um cerimoniário principal, que acompanha o presidente durante toda a celebração, ele pode seguir atrás do presidente, um pouco deslocado, à sua direita. Na celebração com o bispo diocesano, atrás do cerimoniário prosseguem o mitrífero e o baculífero, paramentados com as vimpas. O bispo, durante a procissão, abençoa o povo várias vezes (CB, n. 128).

A seguir, apresentamos cinco formas de organizar a procissão de entrada, dependendo da circunstância de cada celebração. São sugestões, e não modelos fixos. Nos diagramas, *C* representa os coroinhas, *L* os leitores, *M* os ministros extraordinários da comunhão eucarística, *D* os diáconos e *P* os presbíteros. O presidente é um *P* com duplo círculo, e *Ce* indica o cerimoniário. Turíbulo, naveta, velas e o Evangeliário são representados por suas iniciais e o sinal + indica a cruz processional. Destacamos que o primeiro modelo é mais propício para uma celebração simples, de dia de semana, em razão da ausência da cruz processional. Além disso, a disposição dos ministros respeita um senso de simetria. Nos dois últimos modelos, há ainda a sugestão de ladear o Evangeliário com castiçais.

A comunidade fica **de pé** ao iniciar-se a celebração não por cortesia à procissão que entra, mas como expressão de disponibilidade, vivacidade e atenção (Libanio, 2005). Quando a procissão se aproxima do altar, os ministros fazem diante dele uma **inclinação** profunda, exceto aqueles que carregam algum objeto (IGMR, n. 122). Essa inclinação pode ser feita de dois a dois ou, se os ministros forem poucos, todos de uma vez em semicírculo. Novamente, é um gesto que precisa ser feito ritualmente, com atenção e beleza, sem pressa – e não como se fosse apenas uma praxe comum. "Entram com o porte erguido na liberdade e consciência, mas deparam, em seguida, com a grandeza do mistério que vão celebrar. Então, diminuem-se em gesto de humildade. Dobram-se diante de Deus, para mostrar a pequenez interior de quem olha para Deus" (Libanio, 2005, p. 19). Feita a inclinação, os ministros ordenados beijam o altar e cada um toma seu lugar. O Evangeliário é colocado sobre o altar. Na celebração presidida pelo bispo, ele depõe a mitra e o báculo antes de se inclinar, passando-os ao cerimoniário, que os entrega ao mitrífero e ao baculífero.

Figura 3.1 – Modelos de procissão de entrada

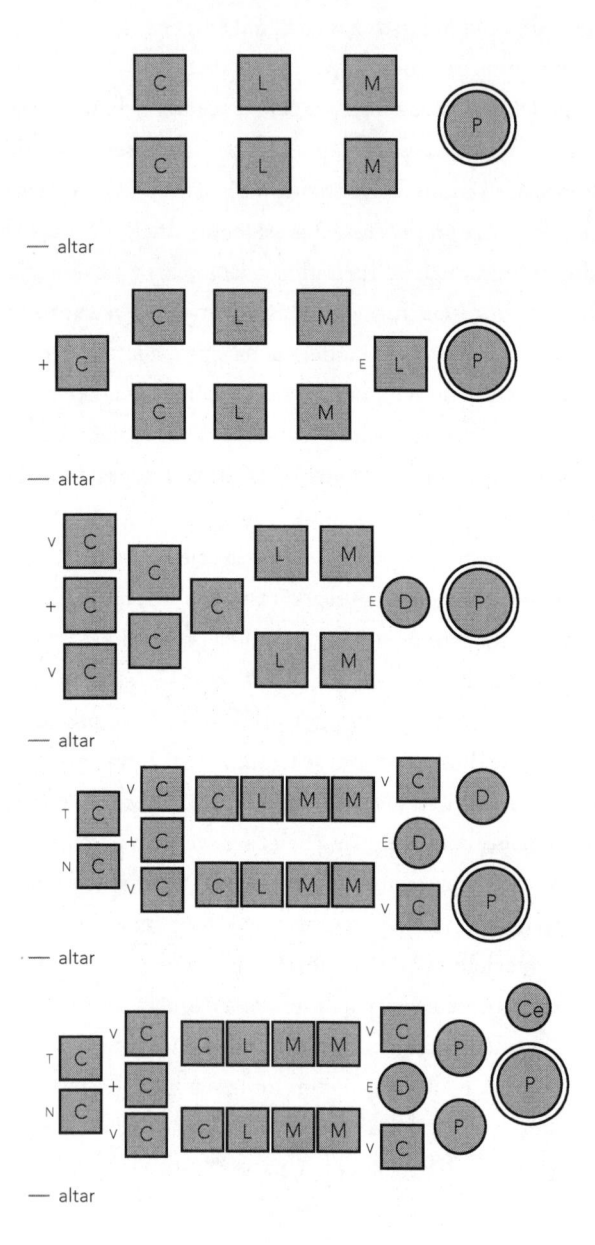

— altar

— altar

— altar

— altar

— altar

Na celebração solene, o altar é incensado após o beijo. Chegando ao presbitério, o turiferário e o naveteiro devem aguardar próximos ao altar, até que o presidente o beije e, logo depois, apresentarem-se novamente a ele, que colocará mais incenso no turíbulo e o tomará para a incensação do altar, da cruz e, se houver, de alguma imagem da Virgem Maria ou do padroeiro da comunidade que esteja no presbitério. É preciso cuidar para que o canto de entrada se prolongue o necessário para realizar a incensação. Todo aquele que usa o turíbulo faz, antes e depois da incensação, uma reverência profunda aos objetos ou às pessoas que serão incensadas. As exceções são o altar, que geralmente é reverenciado em um momento próximo à incensação, e as oblatas (CB, n. 91). Para incensar, fazem-se movimentos que chamamos de *ictos* ou *ductos*. Os ictos são movimentos simples, que são usados na incensação do altar. Os ductos são movimentos duplos. Quase tudo é incensado com três ductos: a cruz, o Santíssimo Sacramento, a assembleia, o presidente, o círio pascal, o Evangeliário, as oblatas e as imagens de Jesus. Usam-se dois ductos quando se trata de imagens de Maria ou dos santos (CB, n. 92).

Se já houver uma cruz no presbitério, a cruz processional deve ser levada para a sacristia ou para outro lugar em que fique oculta. Se, ao contrário, ela permanecer no presbitério, é bom que o ministro que a leva a coloque em seu lugar antes que todos se inclinem (CNPL, 2015). Velas devem ser levadas a alguma mesa auxiliar que fique em um lugar discreto, até mesmo dentro da sacristia. Após o beijo no altar, o presidente dirige-se para a **sede**, ou cadeira. Este é o lugar próprio do presidente durante os ritos iniciais e convém que lhe seja dada a devida importância, reservando o altar para a Liturgia Eucarística.

Deve-se manter a fórmula correta para o início da celebração, ou seja, exatamente as palavras: "Em nome do Pai e do Filho e do Espírito Santo" (OMCP, n. 2; CIC, n. 233), ditas pelo presidente, enquanto toda a assembleia faz o **sinal da cruz**. O sinal da cruz, com a referência à Trindade, é "um gesto de abertura da ação litúrgica" (Libanio, 2005, p. 21), em que o presidente anuncia em nome de quem a assembleia se reúne e celebra. O gesto por si só já inscreve os fiéis no mistério pascal, quando realizado com sensibilidade. "Façamo-lo bem; não um sinal precipitado, disforme, que ninguém sabe o que significa, mas um sinal da cruz bem feito, lento, amplo, da fronte até o peito, de um ombro ao outro. Sentimos como nos envolve completamente?", explica Guardini (1993, p. 3). Após a saudação litúrgica, podem-se dizer muito brevemente algumas palavras, para introduzir a assembleia na celebração do dia (OMCP, n. 3).

Para o **ato penitencial**, o Missal Romano oferece diversas opções de fórmulas. A mais tradicional é aquela em que os fiéis dizem o *Confiteor* –"Confesso a Deus todo-poderoso [...]" – e, após a conclusão do presidente, diz-se ou canta-se o *Kyrie* – "Senhor, tende piedade de nós [...]". "Medir-se com a fragilidade do barro com que somos amassados é uma experiência que nos fortalece: enquanto nos leva a confrontarmos com a nossa debilidade, abre-nos o coração para invocar a misericórdia divina que transforma e converte" (Papa Francisco, 2018a). É muito oportuno valorizar a riqueza de opções que a liturgia oferece – inclusive a possibilidade de substituir o ato penitencial pelo rito da aspersão, recordação de nossa identidade de batizados. A seguir, nos domingos do Tempo Comum, do Tempo do Natal e do Tempo Pascal e nas festas e nas solenidades, diz-se ou canta-se o **Glória**, um hino cuja letra, como a de todos os hinos do ordinário, não pode ser alterada. "É uma graça que, depois de mais de mil anos, cantemos com as palavras daquelas mesmas comunidades antigas. Sinal de comunhão que atravessa os séculos" (Libanio, 2005, p. 25).

A **oração do dia**, também chamada de *coleta*, encerra os ritos iniciais. Depois de os fiéis terem encontrado a misericórdia do Pai a partir das misérias concretas e pessoais – o ato penitencial – e de a terem louvado agradecidos – o Glória –, a oração do dia

> deixa de lado [...] a contingência de cada um, como que fazendo uma triagem da multiplicidade dos pedidos e preces particulares [...], formando a oração comum da comunidade: aquilo que realmente todos podem pedir e com o qual, ao mesmo tempo, são orientados para o essencial, para além do que é contingente e momentâneo. (Ratzinger, 2007, p. 112)

O presidente de braços abertos ora em nosso nome da comunidade:

> é a atitude do orante, assumida pelos cristãos desde os primeiros séculos – como testemunham os afrescos das catacumbas romanas – para imitar Cristo de braços abertos no madeiro da cruz. Ali Cristo é o Orante e, ao mesmo tempo, a oração! No Crucificado reconhecemos o Sacerdote que oferece a Deus o culto que lhe é agradável, ou seja, a obediência filial. (Papa Francisco, 2018b)

É muito importante valorizar uns instantes de silêncio antes da recitação da oração do dia, para que a assembleia de fato a torne sua oração, e não apenas um mero palavrório (IGMR, n. 54). É oportuno lembrar que um traço que distingue um presidente que sabe dirigir é a consciência de fazer cada coisa a seu tempo. Se, por exemplo, o presidente precisa procurar a página em que está a oração do dia – por descuido de alguém, porque isso já deveria estar pronto –, deve fazê-lo antes de dizer "Oremos" – nem durante nem depois. "Como poderá a assembleia recolher-se, se o seu presidente se distrai com gestos que contradizem o que ele pede?" (CNPL, 2015, p. 119). Reunidos em assembleia e dispostos a celebrar, os fiéis estão prontos então para colocarem-se à escuta do Deus vivo.

3.2 Liturgia da Palavra

A parte principal da Liturgia da Palavra, nos domingos e nas solenidades, é constituída pela primeira leitura, pelo salmo, pela segunda leitura e pelo Evangelho. Nos dias de semana não há segunda leitura. A Instituição Geral do Missal Romano (IGMR) ressalta o seguinte:

> A liturgia da palavra deve ser celebrada de modo a favorecer a meditação. Deve, por isso, evitar-se completamente qualquer forma de pressa que impeça o recolhimento. Haja nela também breves momentos de silêncio, adaptados à assembleia reunida, nos quais, com a ajuda do Espírito Santo, a Palavra de Deus possa ser interiorizada e se prepare a resposta pela oração. (IGMR, n. 56, grifo nosso)

A criação desse ambiente faz toda a diferença na forma de celebrar a Liturgia da Palavra. E "a vida litúrgica de uma comunidade mede-se, entre outros fatores, pelo esplendor desse momento da Palavra" (Libanio, 2005, p. 34).

Urge abandonar a ideia de que a Liturgia da Palavra é apenas uma preparação para a Liturgia Eucarística. Essa noção está na raiz do fato de que, em tantas comunidades, a Liturgia da Palavra passa como um momento batido, durante o qual a assembleia não está disposta a se colocar à sua escuta. A Palavra tem verdadeira eficácia – não é mera preparação ao sacramento, mas ela mesma é sacramental, eficaz, transformadora (Celam, 2005). Ela não é "simples informação", mas "realiza o que significa e transforma a situação de seus ouvintes. Gera nova vida" (Celam, 2005, p. 144). A Palavra que sai da boca de Deus não volta a ele sem produzir fruto (Is 55,10-11). O Concílio Vaticano II sublinhou que, quando as Sagradas Escrituras são lidas na liturgia, é o próprio Jesus que está presente e fala (SC, n. 7). "Efetivamente, na liturgia Deus fala ao Seu povo, e Cristo continua a anunciar o Evangelho" (SC, n. 33) – e o nosso coração arde quando ele nos fala e explica as Sagradas Escrituras (Lc 24,32).

É por isso que a IGMR lembra que a Liturgia da Palavra exige certas disposições. O texto escrito precisa ser proclamado, oralizado, anunciado no seio de uma comunidade concreta, em um clima de celebração e de oração (Celam, 2005, p. 164-165), de existência responsorial. Por isso, as leituras "vêm acompanhadas de salmos, aclamações, preces, atitudes do corpo, procissões, velas e incenso, porque não se trata de 'passar ideias' ou informações, mas de realizar um encontro entre os parceiros da Aliança" (Buyst; Silva, 2003, p. 131). Assim, a Palavra não é apenas lida, mas "ressoa no espaço [...] entra em nossos ouvidos, provoca pensamentos e emoções [...] deixa-nos alegres, ou preocupados, ou nos questiona" (Buyst; Silva, 2003, p. 127). A escuta da Palavra é eficaz quando se transforma em um encontro.

Para que isso aconteça, a preparação começa muito antes do início da celebração. O **leitor** deve-se permitir, por meio da meditação da leitura que lhe foi designada, "interiorizá-la espiritualmente antes de exteriorizá-la, proclamando-a" (CNPL, 2015, p. 124). Por isso a escolha do leitor deve ser feita com antecedência – não de minutos, mas de dias. Se ele não se tornar íntimo da Palavra a ser proclamada, o que poderá transmitir à assembleia além de um palavreado mumificado, que não toca?

No momento do rito, por sua vez, "o modo como um leitor deixa o seu lugar para aproximar-se do ambão já faz parte do ato de leitura" (CNPL, 2015, p. 125). Portanto, faz parte da proclamação o modo como o leitor se põe junto ao ambão, seu olhar para estabelecer contato com a assembleia antes de dar início à leitura, o silêncio que precede, intermedeia e finaliza a proclamação, o tom de voz que sabe sublinhar sobriamente e sem teatralização o cerne do texto bíblico e o olhar que não se perde em idas e vindas do texto para a assembleia e vice-versa, mas sabe se economizar para grifar as tensões da leitura.

O **ambão**, por aspectos como a posição, a iluminação, a decoração e o modo como toda a assembleia se volta para ele, precisa ser claramente o centro do momento celebrativo. Sentados, os fiéis estão em uma posição não de quem aguarda um momento mais importante, mas de quem se põe serena e atentamente à escuta, aos pés do Mestre. Muitas vezes, um refrão meditativo, suave e breve pode ajudar a assembleia a se colocar em atitude de escuta antes do início das leituras. Na celebração presidida pelo bispo, o cerimoniário deve lhe entregar a mitra assim que ele se sentar para ouvir as leituras (cf. CB, n. 136).

É sempre preferível que o **salmo**, que originalmente é um cântico, seja cantado, ainda que sem instrumentos, de maneira muito singela e com a dicção bem clara. Isso exige também preparação técnica e orante do salmista. Se houver diácono, cabe a ele proclamar o **Evangelho**. Antes de se dirigir ao ambão, durante a aclamação ao Evangelho, ele se apresenta diante do presidente da celebração e inclina-se profundamente, pedindo a bênção em voz baixa com as palavras: "Dá-me a tua bênção" (IGMR, n. 175). O presidente o abençoa, o diácono faz o sinal da cruz e se dirige ao altar para tomar o Evangeliário, ou se dirige diretamente ao ambão, se não houver esse livro. Para a bênção do diácono, apenas o bispo se mantém sentado. O presbítero o abençoa de pé (IGMR, n. 131-132.175). O bispo, aliás, permanece sentado quando se inicia a aclamação ao Evangelho (CB, n. 140).

Na celebração solene, o turiferário e o naveteiro se apresentam diante do presidente, enquanto é cantada a aclamação ao Evangelho, para que ele coloque incenso no turíbulo. Eles só se ajoelham diante do presidente, sentado, se este for bispo (CB, n. 90). Se o presidente for presbítero, ele mesmo se levanta e os acólitos ou os coroinhas mantêm-se de pé (IGMR, n. 131-132), fazendo, se for o costume, uma inclinação antes e depois de se achegarem ao presidente. Em seguida, o diácono pede a bênção ao presidente, como descrito anteriormente. Depois da bênção ao diácono, o bispo depõe a mitra, levanta-se e, após persignar-se enquanto o diácono lê o título do Evangelho, recebe o báculo (CB, n. 140-141).

É muito importante que se faça a procissão entre o altar e o ambão com o Evangeliário portado de forma elevada por quem o lerá e ladeado por dois coroinhas com castiçais. Nas missas solenes, o incenso vai à frente e podem-se usar quatro ou seis velas. Se isso não for conveniente devido à limitação do espaço, o melhor é que todos aguardem diante do altar, enquanto apenas o turiferário, o naveteiro e o diácono se movimentam no que for necessário, e então sigam todos juntos, de maneira ordenada, até o ambão.

Na falta do Evangeliário, dois ceroferários podem se posicionar diretamente de cada lado do ambão, sem grandes procissões. Com a assembleia de pé, a centralidade do ambão pode ficar ainda mais sublinhada, na medida em que todos, sobretudo os ministros que estão no presbitério, voltem-se de corpo inteiro para a mesa da Palavra, de forma bem visível, como sinal da disponibilidade para escutá-la. No fim do Evangelho, o diácono pode levar o Evangeliário até o bispo para que ele o beije, ou o próprio diácono pode beijá-lo (CB, n. 141). No primeiro caso, o bispo pode ainda dar a bênção com o Evangeliário sobre o povo (IGMR, n. 175).

A tripla persignação do início da proclamação do Evangelho, na testa, nos lábios e no peito, não é o momento de rezar interiormente a oração "Pelo sinal da santa cruz, livrai-nos [...]", mas de pedir que a Palavra penetre na inteligência, seja proclamada com os lábios e habite no interior de cada um (CNPL, 2015, p. 173). Com a ponta do polegar, faz-se como que uma incisão na fronte, na boca e no coração para que a Palavra possa impregná-los.

A **homilia**, palavra que em sua origem carrega o sentido de "conversa familiar" (Celam, 2005, p. 180), está a serviço da recepção e da atualização da Palavra. É a ruminação da Palavra em família, conduzida pelo presidente da celebração ou por outro ministro ordenado, atualizando-a na vida da comunidade – de modo que todos se tornem "praticantes da Palavra e não simples ouvintes" (Tg 1,22). Com isso, a homilia se torna uma espécie de ponte entre a Liturgia da Palavra e a Liturgia Eucarística, visto que, por meio do alimento servido na mesa da Palavra, prepara a assembleia para renovar a nova e eterna aliança na mesa eucarística e na vida (Buyst; Silva, 2003). Por isso, ela deve ser feita da sede, com o ministro sentado ou de pé (ELM, n. 26), do ambão ou de outro lugar adequado (IGMR, n. 136). O bispo usa mitra e báculo facultativamente (CB, n. 142) – e, ao usá-los, depõe-nos ao fim da homilia.

A homilia deve necessariamente abordar algum aspecto da Liturgia da Palavra ou de outro texto da missa do dia (IGMR, n. 65). Não cabem nesse momento discursos sobre outros temas e, menos ainda, avisos e comunicados em geral. Não é aula de exegese nem catequese, mas a retomada de um diálogo já estabelecido entre Deus e seu povo (EG, n. 137). Tão triste quanto uma homilia moralista ou doutrinadora é o pregador passar a impressão de que não tem nada a dizer, mas precisa ocupar aquele tempo apenas por obrigação. Nesse caso, ocorrem divagações enfadonhas e insossas – quase uma súplica para que a igreja se esvazie. É de se lamentar quando o pregador transmite a sensação de que a Palavra é irrelevante.

> Aquele que prega deve conhecer o coração da sua comunidade para identificar onde está vivo e ardente o desejo de Deus e também onde é que este diálogo de amor foi sufocado ou não pôde dar fruto. A homilia não pode ser um espetáculo de divertimento,

> não corresponde à lógica dos recursos midiáticos, mas deve dar fervor e significado à celebração. É um gênero peculiar, já que se trata de uma pregação no quadro de uma celebração **litúrgica**; por conseguinte, deve ser breve e evitar que se pareça com uma conferência ou uma lição. O pregador pode até ser capaz de manter vivo o interesse das pessoas por uma hora, mas assim a sua palavra torna-se mais importante que a celebração da fé. Se a homilia se prolonga demasiado, lesa duas características da celebração litúrgica: a harmonia entre as suas partes e o seu ritmo. Quando a pregação se realiza no contexto da Liturgia, incorpora-se como parte da oferenda que se entrega ao Pai e como mediação da graça que Cristo derrama na celebração. (EG, 137-138, grifo do original)

Convém um momento de silêncio após a homilia, que "permite sedimentar no ânimo a semente recebida, a fim de que nasçam propósitos de adesão ao que o Espírito sugeriu a cada um" (Papa Francisco, 2018c). Nos domingos e nas solenidades, pronuncia-se o **Creio**. "Depois de ouvir a Palavra de Deus e sua explicação, que melhor resposta dá uma comunidade do que renovar solenemente a profissão de fé?" (Libanio, 2005, p. 63). A Liturgia da Palavra encerra-se com a **oração dos fiéis**, chamada também de *oração universal*, com a qual "o povo responde, de algum modo, à palavra de Deus recebida na fé e, exercendo a função do seu sacerdócio batismal, apresenta preces a Deus pela salvação de todos" (IGMR, n. 69). Sendo proferidas em nome da comunidade, essas preces precisam expressar os interesses, as necessidades e as intenções da comunidade como um todo, de maneira concreta – nem pedidos particulares nem intenções genéricas demais. É bom, por isso, evitar o hábito de depender das preces sugeridas em subsídios ou folhetos. O ideal é que os pedidos sejam redigidos com base no contexto da comunidade – sem serem, é claro, indiferentes a quem sofre para além de seus limites –, sempre inspirados pela Palavra escutada. Devem ser formulados de modo breve, conciso e homogêneo.

Como toda a Liturgia da Palavra, a oração dos fiéis também precisa de um ambiente propício. Espremida entre a homilia, uma profissão de fé apressada e o início da Liturgia Eucarística, é comum que a oração dos fiéis seja realizada de modo banal, sem que a assembleia se coloque realmente em oração. A recepção da Palavra e a resposta a ela perfazem o intenso e profundo ato comunicativo que a Liturgia da Palavra constitui – um encontro capaz de transformar.

Quadro 3.1 – Estrutura comunicativa da Liturgia da Palavra

Liturgia da Palavra: ato comunicativo	
Emissão da Palavra	Leituras
	Homilia
Recepção da Palavra	Cantos interlecionais (salmo, aclamação)
	Silêncio
Resposta à Palavra	Creio
	Oração dos fiéis

Fonte: Elaborado com base em Celam, 2004, p. 85.

3.3 Liturgia Eucarística: preparação dos dons e oração eucarística

A Liturgia Eucarística é o momento que qualifica como tal a celebração eucarística, sem que isso signifique, como vimos, uma diminuição da Liturgia da Palavra. Ela se inicia com a **preparação dos dons**, um dos momentos que mais exigem o serviço de ministros como os acólitos e os coroinhas. São eles que levam ao altar o pão e o vinho, quer recolhendo-os da credência, quer recebendo-os do presidente da celebração, que os acolhe das mãos de alguns fiéis que com ele entram em procissão. Nas celebrações dominicais, vale a pena optar por uma procissão com essa característica, que manifesta melhor a participação de todo o povo de Deus na apresentação dos dons (IGMR, n.73). Os dons oferecidos são os dons da comunidade, sintetizados no pão e no vinho. Sobre isso diz o Papa Francisco (2018d):

> Portanto, nos sinais do pão e do vinho, o povo fiel põe a própria oferta nas mãos do sacerdote, que a coloca no altar [...]. Por conseguinte, no "fruto da terra e do trabalho do homem" oferece-se o compromisso dos fiéis a fazer de si mesmos, obedientes à Palavra divina, um "sacrifício agradável a Deus Pai Todo-Poderoso", "pelo bem de toda a santa Igreja".[1] – como a assembleia manifesta ao responder ao convite à oração, no final da preparação dos dons.

O diácono – na sua ausência pode ser um concelebrante ou o próprio presidente – prepara o altar. Para isso, ele precisa, em primeiro lugar, do corporal e de todos os vasos que contêm o pão. Em seguida, os ministros o ajudam a preparar o cálice, levando-lhe as galhetas com o vinho e, em seguida, a água. Depois que o presidente bendiz a Deus pelos dons, os ministros lhe servem com o lavabo para que faça a purificação de suas mãos. Além disso, ele deve atentar-se também para que o Missal Romano seja colocado sobre o altar.

Quando se usa incenso, o turiferário e o naveteiro se aproximam do presidente da celebração assim que ele termina de apresentar o cálice. Ele deita então o incenso no turíbulo e realiza a incensação das oblatas, da cruz e do altar – nessa ordem, se a cruz estiver sobre o altar, suspensa sobre ele ou na parede imediatamente atrás do presidente; em outros casos, após a incensação das oblatas, começa a do altar, que

---

1 Os trechos entre aspas são citações do Catecismo da Igreja Católica (CIC).

é interrompida no ponto mais próximo da cruz e retomada após esta ser incensada. Em seguida, o presidente entrega o turíbulo ao diácono ou ao turiferário, que incensa o presidente da celebração e a assembleia (IGMR, n. 178). Dessa forma, "incensar as ofertas [...], incensar a cruz, o altar, o presbítero e o povo sacerdotal manifesta visivelmente o vínculo ofertorial que une todas estas realidades ao sacrifício de Cristo" (Papa Francisco, 2018d). Os presbíteros concelebrantes também podem ser incensados, desde que, por sua disposição no espaço celebrativo, isso não requeira mais do que uma incensação (CB, n. 96). O naveteiro pode fazer um sinal para lembrar à assembleia que deve ficar em pé para ser incensada. O presidente só purifica as mãos após ter usado o turíbulo. Nesse momento, é importante cuidar para que o canto se prolongue suficientemente.

O bispo se apresenta ao altar já sem mitra, apenas com o solidéu. No que diz respeito, então, à ordem em que se realiza cada momento da preparação dos dons, podemos apresentar três opções de percurso.

Quadro 3.2 – Ordem dos ritos na preparação dos dons

Preparação dos dons			
Opção 1: com procissão dos dons	Opção 2: sem procissão dos dons		Opção 3: com procissão dos dons e incensação
	a) Com os objetos preparados segundo a segunda coluna do Quadro 2.6	b) Com os objetos preparados segundo a terceira coluna do Quadro 2.6	
Alguns fiéis da comunidade trazem, do fundo da igreja, a patena coberta com o corporal e a galheta com o vinho. O presidente os acolhe na sede ou próximo do altar, dando a dois ministros (diáconos ou coroinhas) cada um dos objetos.	Um coroinha leva ao altar a patena coberta com o corporal, enquanto outro põe sobre o altar o Missal Romano.	Um coroinha leva ao altar o conjunto de cálice, purificatório, patena, pala e corporal, enquanto outro põe sobre o altar o Missal Romano.	Alguns fiéis da comunidade trazem, do fundo da igreja, a patena coberta com o corporal e a galheta com o vinho, precedidos pelo turiferário e pelo naveteiro. O presidente os acolhe próximo do altar, dando a dois ministros (diáconos ou coroinhas) cada um dos objetos.
O ministro ordenado estende o corporal e põe sobre ele a patena. Se for o presidente, já faz a oração "Bendito sejais".	O ministro ordenado estende o corporal e põe sobre ele a patena. Se for o presidente, já faz a oração "Bendito sejais".	O ministro ordenado estende o corporal e põe sobre ele a patena e os cibórios, trazidos em seguida por um coroinha. Se for o presidente, já faz a oração "Bendito sejais".	O ministro ordenado estende o corporal e põe sobre ele a patena. Se for o presidente, já faz a oração "Bendito sejais".
Um coroinha leva ao altar o cálice com a pala e o purificatório, enquanto outro se aproxima com as galhetas.	Um coroinha leva ao altar o cálice com a pala e o purificatório, enquanto outro se aproxima com as galhetas.	Um coroinha se aproxima com as galhetas.	Um coroinha se aproxima com as galhetas.

(continua)

(Quadro 3.2 – conclusão)

Preparação dos dons			
Opção 1: com procissão dos dons	Opção 2: sem procissão dos dons		Opção 3: com procissão dos dons e incensação
	a) Com os objetos preparados segundo a segunda coluna do Quadro 2.6	b) Com os objetos preparados segundo a terceira coluna do Quadro 2.6	
O coroinha passa ao ministro ordenado a galheta com o vinho, e ele a verte no cálice. Devolve a galheta destampada ao coroinha, que lhe passa então a galheta com água e derrama umas gotas no cálice. Se for o presidente, faz a oração "Bendito sejais".	O coroinha passa ao ministro ordenado a galheta destampada com o vinho, e ele o verte no cálice. Devolve a galheta ao coroinha, que lhe passa então a galheta com água e derrama umas gotas no cálice. Se for o presidente, faz a oração "Bendito sejais".	O coroinha passa ao ministro ordenado a galheta destampada com o vinho, e ele o verte no cálice. Devolve a galheta ao coroinha, que lhe passa então a galheta com água e derrama umas gotas no cálice. Se for o presidente, faz a oração "Bendito sejais".	O coroinha passa ao ministro ordenado a galheta destampada com o vinho, e ele o verte no cálice. Devolve a galheta ao coroinha, que lhe passa então a galheta com água, e derrama umas gotas no cálice. Se for o presidente, faz a oração "Bendito sejais".
(Se o altar foi preparado por outro ministro que não o presidente, nesse momento, o presidente se aproxima do altar e bendize a Deus Pai pelo pão e pelo vinho.)	(Se o altar foi preparado por outro ministro que não o presidente, nesse momento, o presidente se aproxima do altar e bendize a Deus Pai pelo pão e pelo vinho.)	(Se o altar foi preparado por outro ministro que não o presidente, nesse momento o presidente se aproxima do altar e bendize a Deus Pai pelo pão e pelo vinho.)	(Se o altar foi preparado por outro ministro que não o presidente, nesse momento o presidente se aproxima do altar e bendize a Deus Pai pelo pão e pelo vinho.)
Dois coroinhas se aproximam do presidente para o lavabo.	Dois coroinhas se aproximam do presidente para o lavabo.	Dois coroinhas se aproximam do presidente para o lavabo.	O turiferário e o naveteiro se aproximam do presidente e apresentam o turíbulo e a naveta. O presidente põe incenso no turíbulo, toma-o e incensa as oblatas, o altar e a cruz.
Depois de lavar as mãos, o presidente convida a assembleia à oração e após sua resposta, profere a oração sobre as oferendas.	Depois de lavar as mãos, o presidente convida a assembleia à oração e, após sua resposta, profere a oração sobre as oferendas.	Depois de lavar as mãos, o presidente convida a assembleia à oração e após a sua resposta profere a oração sobre as oferendas.	O turiferário ou o diácono incensam o presidente e a assembleia, enquanto dois coroinhas se aproximam do presidente para o lavabo.
			Depois de lavar as mãos, o presidente convida a assembleia à oração e, após sua resposta, profere a oração sobre as oferendas.

A preparação dos dons se encerra com a oração sobre as oferendas. É bonita a cerimônia se canto, oração e gestos se harmonizarem de tal maneira que evidenciem a unidade do rito da preparação. Embora não se deva deixar de lado o costume de oferecer alguma importância financeira à comunidade nesse momento – o que também é uma expressão da oferta da vida de cada um a Deus e da preocupação pelos mais necessitados –, é importante que o foco da assembleia esteja no altar, na preparação do pão e do vinho.

Terminada a oração sobre as oferendas, inicia-se a **oração eucarística**, chamada também de *anáfora* (oblação), *prece eucarística* ou *cânon* (regra). No **prefácio**, rendem-se graças – *eucaristia* significa "ação de graças" – ao Pai pelo mistério da salvação, com os tons próprios da festa ou do tempo litúrgico celebrados. Ele se encerra introduzindo o **Santo**, que integra a oração da assembleia à de toda a Criação, inclusive aquela que já está na glória (Celam, 2005).

No prefácio e em toda a prece eucarística também fica visível se o **presidente** domina a arte de presidir. O ritmo da palavra e do gesto, o tom de voz e a direção do olhar fazem toda a diferença no momento de conduzir a assembleia pelo mistério pascal, proferindo a anáfora. Seguem dois exemplos dessa situação:

1. O prefácio da Oração Eucarística V tem uma métrica perfeita, sendo todo constituído de versos decassílabos. Se o presidente percebe isso, essa métrica só tem a ajudá-lo na declamação da prece eucarística.
2. É importante o direcionamento do olhar do presidente. A oração eucarística é uma oração dirigida a Deus Pai, não ao Filho, como se o presidente devesse mirar um crucifixo colocado diante de si sobre o altar nem à assembleia, como se o presidente devesse trocar olhares com ela durante a oração. Não é uma conferência nem uma conversa. O olhar deve mistagogicamente conduzir a comunidade à oração, dirigindo-se para o alto, para o horizonte ou, no mínimo, para o texto. Cruzar o olhar com o dos fiéis nesse momento lesa a

ação litúrgica, tanto quanto manter o olhar longe dos fiéis nas saudações e nas admoestações.

O cerne da celebração eucarística é o conjunto da **anamnese** e da **epíclese** (CIC, n. 1106). Elas manifestam a presença atuante do Espírito Santo na liturgia – e sem o Espírito Santo não há comunhão, salvação nem filiação. A epíclese é a parte da oração litúrgica em que se pede explicitamente que o Pai envie seu Espírito. Na oração eucarística, uma delas é marcada pelo gesto da imposição das mãos sobre as oblatas – mas ela não é a única: pede-se também que o Espírito Santo desça sobre os fiéis, com o mesmo objetivo, transformar todos em corpo de Cristo.

Nesse sentido, "o Espírito Santo, invocado na oração solene da Igreja, desce novamente não só para transformar os nossos dons do pão e do vinho no Corpo e no Sangue do Senhor, mas também para transformar as nossas vidas fazendo de nós, com a sua força, 'um só corpo e um só espírito em Cristo'" (Papa Bento XVI, 2008).

Já a anamnese é a memória da ação salvífica de Deus na história – e também é manifestação do Espírito, "memória viva da Igreja" (CIC, n. 1099). Por meio da anamnese, o Espírito recorda o mistério de Cristo e, pela epíclese, atualiza-o, torna-o presente.

A **narrativa da instituição**, em que o presidente recorda as palavras de Cristo na última ceia, forma uma unidade com esses dois elementos (Libanio, 2005), em vista da consagração do pão e do vinho no Corpo e no Sangue de Cristo e de toda a comunidade nesse mesmo Corpo. Não apenas as palavras da instituição são consecratórias mas também toda a prece eucarística (Taft, 2004) – tanto é verdade que existe uma anáfora usada pela Igreja Assíria do Oriente e reconhecida pela Igreja Católica, chamada de *Anáfora de Addai e Mari*, que não contém explicitamente a narração da instituição.

Seguem-se, então, as **intercessões** da oração eucarística, acerca das quais explica o Papa Francisco (2018e):

A Oração eucarística pede a Deus que receba todos os seus filhos na perfeição do amor, em união com o Papa e o Bispo, mencionados pelo nome, sinal de que celebramos em comunhão com a Igreja universal e com a Igreja particular. A súplica, como oferenda, é apresentada a Deus por todos os membros da Igreja, vivos e defuntos, na expectativa da bem-aventurada esperança de partilhar a herança eterna do céu, com a Virgem Maria [...]. Ninguém nem nada fica esquecido na oração eucarística, mas cada coisa é reconduzida a Deus, como recorda a doxologia que a conclui. Ninguém é esquecido.

Durante a oração eucarística, os ministros que ficam junto ao altar têm pouco a realizar ativamente. O bispo depõe o solidéu assim que inicia o diálogo do prefácio (CB, n. 153) e só o retoma depois da comunhão (CB, n. 166). Nas celebrações solenes, pode-se incensar o pão e o cálice durante a elevação. Para isso, enquanto se canta o Santo, um grupo de acólitos ou coroinhas pode se posicionar diante do altar, com incenso, velas (sempre duas, quatro ou seis) e, se for costume, campainhas. É preciso cuidar para não fazer isso em locais onde o presbitério não for suficientemente elevado, o que atrapalharia a visão do povo em direção ao altar. Nesse caso, os coroinhas devem ficar posicionados mais às laterais, mas igualmente diante do acesso ao presbitério. No primeiro caso, o turiferário deve ficar bem diante do altar, com o naveteiro, como sempre, à sua esquerda. Os ceroferários posicionam-se nas extremidades do grupo. Por exemplo, o grupo pode ser composto na seguinte ordem (da esquerda para a direita, a partir da visão da assembleia): ceroferário, ceroferário, naveteiro, turiferário, coroinha com a campainha, ceroferário e ceroferário. O próprio naveteiro pode pôr incenso no turíbulo, tanto antes de se dirigirem até diante do altar como no momento em que todos, inclusive eles, ajoelharem-se. O turiferário incensa então o Santíssimo Sacramento, tanto na elevação do pão quanto na do vinho consagrado, a cada vez com três ductos. Na resposta à expressão "Eis o mistério da fé!", todos ficam de pé e, terminada a resposta, voltam para a sacristia ou para outro lugar apropriado.

É fundamental que os ministros, assim como toda a assembleia, acompanhem com o coração as palavras da oração eucarística, participem com as respostas e conservem o silêncio.

> De fato, ela exprime tudo o que realizamos na celebração eucarística: e além disso ensina-nos a cultivar três atitudes que nunca deveriam faltar aos discípulos de Jesus. As três atitudes: primeira, aprender a **dar graças, sempre e em todos os lugares**, e não só em determinadas ocasiões, quando tudo corre bem; segunda, **fazer da nossa vida um dom de amor**, livre e gratuito; terceira, **fazer comunhão concreta**, na Igreja e com todos. Portanto, esta Oração central da Missa educa-nos, aos poucos, a fazer de toda a nossa vida uma "eucaristia", isto é uma ação de graças. (Papa Francisco, 2018e, grifo do original)

O Papa Bento XVI dizia que "A Eucaristia arrasta-nos no ato oblativo de Jesus" (DCE, n. 13). A assembleia, assim, peregrina conduzida pela oração eucarística rumo ao interior do mistério pascal. Tornados em comunhão, pelo Espírito e no Filho, dom total de nós mesmos, podemos finalmente, após o grande "Amém" que encerra a anáfora, chamar o Deus do universo de *Abbá*.

3.4 A Liturgia Eucarística: rito da comunhão

O **Pai Nosso**, a oração dos filhos de Deus, dá início ao rito da comunhão. As mãos levantadas para o alto, ainda que não expressas pela rubrica, são forma tradicional de oração cristã. As mãos dadas, por sua vez, exprimem a fraternidade daqueles que só juntos podem chamar a Deus de *Pai* – só se for Pai nosso. "Assim, enquanto nos abre o coração a Deus, o "Pai Nosso" dispõe-nos também ao amor fraterno. Por fim, peçamos ainda a Deus para "nos libertar do mal" que nos separa d'Ele e nos divide dos nossos irmãos" (Papa Francisco, 2018f). O presidente prolonga a oração do Senhor em um embolismo que retoma esse pedido: "Livrai-nos de todos os males, ó Pai, e dai-nos hoje a vossa paz" (Papa Francisco, 2018f). A oração seguinte, dirigida a Jesus Cristo presente no pão e no vinho – quase a única oração dirigida a ele em toda a celebração –, pede exatamente o dom por ele prometido no domingo da ressurreição: a **paz**, a sua paz, apesar de nossos pecados. Essa paz é então expressa em um sinal.

> No Rito romano a troca do sinal de paz, colocado desde a antiguidade antes da Comunhão, visa a Comunhão eucarística. Segundo a admoestação de São Paulo, não é possível comungar o único Pão que nos torna um só Corpo em Cristo, sem nos reconhecermos pacificados pelo amor fraterno (CF. *1 Cor* 10,16-17; 11,29). A paz de Cristo não pode enraizar-se num coração incapaz de viver a fraternidade e de a reparar depois de a ter ferido. (Papa Francisco, 2018f)

Libanio (2005, p. 108) diz que "o sinal da paz exprime a reconciliação no interior da comunidade de qualquer rixa, divisão, malquerença, como condição necessária para a frutuosa comunhão". A ruptura, a que chamamos *pecado* é contrária ao Deus-Amor, Ao Deus-Comunhão. Por isso, não convém que esse belo gesto seja abandonado ordinariamente nem transferido para o fim da celebração. O lugar dele é aqui, como expressão da comunhão vivida, sem a qual a comunhão sacramental não é simbólica, mas diabólica (Boff, 1975). Igualmente, precisa ser um sinal expressivo e não um ato mecânico, banal: o abraço bem dado, o beijo no rosto ou um bom e cordial aperto de mão, sempre com o olhar nos olhos do outro, especialmente denso, diferenciando-se daqueles gestos do dia a dia.

Tem início então a **fração do pão**, enquanto a assembleia canta o *Cordeiro de Deus*. Nos primeiros séculos da Igreja, esse momento era o ápice da celebração eucarística: os ministros ordenados dividiam o único pão eucarístico em diversos pedaços, em um rito que, diferentemente da maneira à qual estamos acostumados, poderia durar minutos. A expressividade do sinal, porém, era riquíssima: o único Cristo que se parte para se dar aos seus discípulos. Em atenção ao sinal, é necessária a coragem de retomar essa práxis (Grillo, 2017). No mínimo, que o presidente não comungue toda a hóstia principal após parti-la – um gritante antissinal – e que, como estabelece a IGMR (n. 85), todos comunguem do pão consagrado naquela celebração (SC, n. 55).

Os ministros extraordinários da comunhão eucarística aproximam-se do altar no momento apropriado para receber do presidente da celebração os vasos com as espécies eucarísticas para sua distribuição aos fiéis. Antes disso, ao lavar as mãos, como medida de higiene, podem cultivar também a beleza espiritual, ritual e simbólica desse gesto como sinal de purificação (Libanio, 2005).

É no pão partido que a assembleia reconhece o verdadeiro Cordeiro imolado pela vida do mundo. Por isso, novamente se dirige a ele, pedindo por piedade e, uma vez mais, pela paz (Papa Francisco, 2018f). Chega então o momento da **comunhão**, ao qual visa toda a celebração. A comunhão não é devoção individual, mas ato litúrgico. Em procissão, os fiéis caminham na direção do altar. Como vimos, a procissão não é um caminhar de qualquer maneira. "Com dificuldade distinguimos a procissão da comunhão da fila do correio", ironiza Grillo (2017, p. 91). A procissão não é fila para esperar a vez, mas gesto de quem se sabe peregrino rumo ao encontro com Cristo.

No momento de distribuir a comunhão, cada ministro deve estar totalmente presente naquilo que faz e consciente de que é, em sua pequenez, mediador de um encontro extraordinário. Não se deve dar a comunhão, portanto, de maneira distraída, impessoal ou fria, mas expressando a cada irmão a ternura de Cristo. É bonito quando em uma comunidade pequena todos se conhecem e o ministro pode dizer o nome de cada fiel ao lhe dar a comunhão, como se faz quando se ministram os outros sacramentos (Libanio, 2005). Ao receber o pão, ouvindo: "O Corpo de Cristo", o fiel responde "Amém", isto é, reconhece

> a graça e o compromisso que comporta tornar-se Corpo de Cristo. Pois quando recebes a eucaristia, tornas-te corpo de Cristo. Isto é bonito, é muito bonito. Enquanto nos une a Cristo, arrancando-nos dos nossos egoísmos, a comunhão abre-nos e une-nos a todos aqueles que são um só nele. Eis o prodígio da comunhão: tornamo-nos aquilo que recebemos! (Papa Francisco, 2018g)

Convém realizar a comunhão, sempre que possível, sob as duas espécies. É aí que ela "adquire a sua forma mais plena, enquanto sinal" (IGMR, n. 281). A forma mais expressiva de fazê-lo é dando o cálice para beber – de preferência, um único (IGMR, n. 72) – a cada fiel (IGMR, n. 285). O ministro, com um purificatório, enxuga a borda do cálice depois que cada um bebe um gole do vinho consagrado.

Depois da comunhão, os ministros e os coroinhas auxiliam o diácono, o presbítero concelebrante ou o presidente na purificação dos vasos. Para tanto, levam-lhe a galheta com água e devolvem à credência os vasos já purificados. Os ministros extraordinários da comunhão eucarística guardam no sacrário a reserva eucarística. Ocorre então a **oração depois da comunhão**, em que, em nome da assembleia, o presidente agradece ao Senhor por ter convidado todos a sua mesa.

3.5 Ritos finais

É preciso cuidar sempre para não prolongar demais os **avisos** da comunidade e para expô-los com clareza. Eles devem ser feitos na sequência da oração depois da comunhão e nunca antes, de modo que essa oração realmente encerre o rito da partilha e da comunhão eucarística, sem que esse momento tão importante seja interrompido. Da mesma forma como se deve ter cuidado com os avisos em toda cerimônia, é preciso ter atenção para que os ritos finais das celebrações solenes – que às vezes são realizadas em comemoração a alguma situação ou a alguma data – também não se prolonguem desnecessariamente com homenagens, discursos e temas desse tipo.

A bênção final e a despedida encerram a celebração. Convém que nas missas solenes seja realizada a bênção solene, conforme indicado para cada celebração. O texto dessa benção ressalta os traços do mistério celebrado, fazendo referência a eles nas três aclamações que precedem a bênção propriamente dita. Outro modo de dar maior destaque a esse momento é fazer uma das orações sobre o povo que constam na mesma seção do Missal Romano. O bispo recebe a mitra após a oração depois da comunhão. Em seguida aos eventuais avisos, de pé, o bispo dá a bênção solene, estendendo as mãos sobre o povo durante as primeiras invocações e recebendo o báculo para a parte final – "Abençoe-vos Deus todo-poderoso"(IGMR, n. 167) –, durante a qual traça o sinal da cruz sobre o povo (CB, n. 169). Após a bênção final e a despedida, o presidente e os ministros saúdam o altar e se retiram em procissão.

Uma observação preciosa: é preciso planejar o tempo que será dedicado a cada parte da celebração segundo um princípio de proporcionalidade que tem, também, um claro caráter mistagógico. Todos nós, consciente e inconscientemente, assimilamos em qualquer situação a seguinte mensagem: gasta-se mais tempo com o que é mais importante.

Se a ideia é que a celebração dure uma hora, não dá para prolongar a Liturgia da Palavra de tal maneira que se tenha de fazer a Liturgia Eucarística de modo apressado. Uma oração eucarística feita às pressas é um desserviço. Se a celebração é solene e dura mais tempo, também não dá para permitir que as homenagens e os outros momentos incluídos nos ritos finais ganhem tal proporção que a missa fique "desequilibrada": se esses momentos se delongarem demais, é possível até mesmo que a impressão passada seja a de que a homenagem é a parte mais importante e o resto da celebração foi apenas uma preparação para esse momento.

Uma celebração bem planejada ressalta, também, pelo tempo gasto em cada parte, o valor da Liturgia da Palavra – com leituras bem executadas, tempos de silêncio e uma homilia de duração adequada – e o da Liturgia Eucarística – com uma preparação dos dons que se apresente como um rito significativo, uma oração eucarística verdadeiramente rezada e uma comunhão bem vivida com Cristo e com os irmãos.

Síntese

A oração litúrgica é eminentemente trinitária. Ela é a oração do Filho – cabeça e membros – dirigida ao Pai no Espírito de Amor. Os filhos no Filho, um só com Cristo, dirigem-se ao Pai. E tudo isso ocorre no Espírito Santo, "espaço" no qual acontece a relação do Filho e dos filhos com o Pai. Banhados no Espírito do Filho, os fiéis podem enfim chamar Deus de *Pai*. Justamente assim, a oração litúrgica é a oração própria da Igreja.

Os ritos iniciais têm como finalidade geral formar a assembleia, dispondo-a acolher a Palavra e a partir o pão, em espírito de oração e de comunhão. A procissão de entrada manifesta a diversidade dos ministérios que formam a Igreja e a sua condição de peregrina neste mundo. A comunidade fica de pé ao iniciar-se a celebração não por cortesia à procissão que entra, mas como expressão de disponibilidade. A inclinação diante do altar é um gesto que precisa ser feito ritualmente, com atenção e beleza, sem pressa – e não como se fosse apenas um ato banal.

No sinal da cruz, o presidente anuncia em nome de quem a assembleia se reúne e celebra. O gesto por si só já inscreve os fiéis no mistério pascal, quando realizado com sensibilidade. Depois de terem encontrado a misericórdia do Pai mediante as misérias concretas e pessoais – ato penitencial – e de a terem louvado agradecidos – entoando *Glória* –, a oração do dia representa a oração comum da assembleia, que se orienta para o essencial.

A parte principal da Liturgia da Palavra, nos domingos e nas solenidades, é constituída pela primeira leitura, pelo salmo, pela segunda leitura e pelo Evangelho. A Palavra tem verdadeira eficácia – não é mera preparação ao sacramento, mas ela mesma é sacramental, eficaz, transformadora. Para isso, a preparação do leitor é fundamental: ele deve se tornar íntimo da Palavra que proclamará. Sentada, a assembleia está em uma posição não de quem aguarda um momento mais importante, mas de quem se põe serena e atentamente à escuta, aos pés do Mestre. A homilia, palavra que em sua origem carrega o sentido de "conversa familiar", está a serviço da recepção e da atualização da Palavra. Deve, portanto, abordar aspectos desta ouvidos naquele dia. Não é aula de exegese nem catequese, mas a retomada de um diálogo já estabelecido entre Deus e seu povo.

A Liturgia Eucarística é o momento que qualifica como tal a celebração eucarística. Ela começa com a preparação dos dons – os dons da comunidade, sintetizados no pão e no vinho. Convém por isso, ao menos aos domingos, realizar a procissão dos dons desde o fundo da igreja, com a participação de alguns fiéis. Trata-se de um momento bonito se o canto, a oração e os gestos se harmonizarem de tal maneira que evidenciem a unidade do rito da preparação.

O cerne da celebração eucarística é o conjunto da anamnese e da epíclese (CIC, n. 1106). Elas manifestam a presença atuante do Espírito Santo na liturgia – e sem o Espírito Santo não há comunhão, salvação nem filiação. A epíclese é a parte da oração litúrgica em que se pede explicitamente que o Pai envie seu Espírito. Já a anamnese é a memória da ação salvífica de Deus na história – e também é manifestação do Espírito, "memória viva da Igreja" (CIC, n. 1099). A narrativa da instituição ("Na noite em que foi entregue...") forma uma unidade com esses dois elementos, constituindo o coração da oração eucarística, que consagra o pão e o vinho no Corpo e no Sangue de Cristo e toda a comunidade nesse mesmo Corpo. Conduzida pela oração eucarística, a assembleia peregrina rumo ao interior do mistério pascal. Tornados em comunhão, pelo Espírito e no Filho, dom total de cada um, os fiéis podem finalmente, após o grande "Amém" que encerra a anáfora, chamar o Deus do universo de *Abbá*.

O rito da comunhão orbita a paz que proporciona ao fiel a participação na eucaristia, ao devolvê-lo à comunhão para a qual foi criado: comunhão com Deus-Amor e com os irmãos. Essa paz se manifesta nos pedidos realizados na oração e no expressivo sinal que antecede a fração do pão. Esses elementos lembram que aproximar-se da comunhão é comprometer-se a viver em comunidade. Tudo isso é comunicado de forma ainda mais expressiva se forem retomados os sinais que a tradição litúrgica nos legou: a comunhão de um só pão, partido para todos, e de um só cálice, oferecido a todos.

Atividades de autoavaliação

1. No que diz respeito à cadeira da presidência, chamada de sede, é correto afirmar:
    a) O presidente deve estar junto a ela apenas quando estiver sentado.
    b) Não se pode fazer a homilia da sede, mas apenas do ambão.

c) Pode-se fazer a homilia desde a sede, mas nunca sentado.

d) A sede é o lugar próprio da presidência durante os ritos iniciais.

2. Analise as seguintes afirmativas sobre a Liturgia da Palavra.

I. Sempre deve haver momentos de silêncio durante a Liturgia da Palavra para uma apropriada acolhida da Palavra de Deus.

II. A parte mais importante da Liturgia da Palavra é a proclamação do Evangelho.

III. Deve-se tomar cuidado para não deixar momentos de silêncio entre as leituras, de modo que uma siga imediatamente após a outra, para que a assembleia não se distraia.

IV. Quando se usa incenso, deve-se incensar o altar e o ambão logo antes da proclamação do Evangelho.

V. A homilia pode abordar qualquer tema religioso, sobretudo se o Evangelho for muito difícil.

Agora, assinale a alternativa certa:

a) Apenas as afirmativas III, IV e V estão corretas.

b) Apenas as afirmativas II e III estão corretas.

c) Apenas as afirmativas I e II estão corretas.

d) Apenas as afirmativas III e V estão corretas

3. Por que é tão importante que os fiéis participem ativamente do momento da apresentação dos dons?

a) Porque, como batizados, eles precisam engajar-se nas pastorais, e a liturgia é uma opção a se considerar.

b) Porque os dons oferecidos, sintetizados no pão e no vinho, são os dons da comunidade – é ela que os oferece e que se oferece neles.

c) Porque a comunidade deve contribuir com as ofertas para que Deus possa derramar bênçãos sobre ela durante a semana.
d) Porque a apresentação dos dons é uma ótima oportunidade de destacar as pessoas mais ativas nas pastorais da comunidade.

4. Qual o sentido da procissão até o altar para receber a comunhão?
a) A procissão é gesto de quem se sabe peregrino rumo ao encontro com Cristo.
b) A procissão representa a ordem e a disciplina que Deus deseja instaurar em seu povo.
c) A procissão fortalece a paciência dos fiéis.
d) A procissão é apenas uma forma prática de realizar a distribuição da comunhão.

5. Analise as seguintes afirmativas sobre o rito da comunhão.
I. É melhor que sejam usadas hóstias finas e pequenas, para evitar que caiam fragmentos.
II. A única forma de comungar sob a espécie do vinho que as rubricas permitem é por intinção, ou seja, molhando a hóstia no vinho.
III. O Cordeiro de Deus é um canto que acompanha a fração do pão.
IV. As rubricas proíbem rezar o Pai Nosso de mãos levantadas.
V. O sinal da paz expressa melhor seu sentido quando realizado no momento em que o rito o prevê, em vez de ser deixado para o fim da celebração.

Agora, assinale a alternativa certa:
a) Apenas as afirmativas II, III e IV estão corretas.
b) Apenas as afirmativas III e V estão corretas.
c) Apenas as afirmativas I e II estão corretas.
d) Apenas as afirmativas I, IV e V estão corretas.

Atividades de aprendizagem

Questões para reflexão

1. A seguir está o texto da Oração Eucarística VII – sobre a reconciliação. Tire um tempo para lê-lo com calma, em espírito de oração, procurando penetrar bem nas suas palavras, e sublinhe as palavras e frases que mais tocarem seu coração.

Oração Eucarística VII

[...]

Na verdade, é justo e bom agradecer-vos, Deus Pai, porque constantemente nos chamais a viver na felicidade completa. Vós, Deus de ternura e de bondade, nunca vos cansais de perdoar. Ofereceis vosso perdão a todos, convidando os pecadores a entregar-se confiantes à vossa misericórdia.
T: Como é grande, ó Pai, a vossa misericórdia!

Jamais nos rejeitastes quando quebramos a vossa aliança, mas, por Jesus, vosso Filho e nosso irmão, criastes com a família humana novo laço de amizade, tão estreito e forte, que nada poderá romper. Concedeis agora a vosso povo tempo de graça e reconciliação. Dai, pois, em Cristo, novo alento à vossa Igreja, para que se volte para vós. Fazei que, sempre mais dócil ao Espírito Santo, se coloque ao serviço de todos.
T: Como é grande, ó Pai, a vossa misericórdia!

Cheios de admiração e reconhecimento, unimos nossa voz à voz das multidões do céu para cantar o poder de vosso amor e a alegria da nossa salvação:
T: Santo, Santo, Santo...

CP.: Ó Deus, desde a criação do mundo, fazeis o bem a cada um de nós para sermos santos como vós sois santo.

CC.: Olhai vosso povo aqui reunido e derramai a força do Espírito, para que estas oferendas se tornem o Corpo + [sinal da cruz] e o Sangue do Filho muito amado, no qual também somos vossos filhos.

CP.: Enquanto estávamos perdidos e incapazes de vos encontrar, vós nos amastes de modo admirável: pois vosso Filho – o Justo e Santo – entregou-se em nossas mãos, aceitando ser pregado na cruz. T: Como é grande, ó Pai, a vossa misericórdia!

Antes, porém, de seus braços abertos traçarem entre o céu e a terra o sinal permanente da vossa aliança, Jesus quis celebrar a páscoa com seus discípulos.

CC.: Ceando com eles, tomou o pão e pronunciou a bênção de ação de graças. Depois, partindo o pão, o deu a seus amigos, dizendo:

TOMAI, TODOS, E COMEI. ISTO É O MEU CORPO, QUE SERÁ ENTREGUE POR VÓS.

Ao fim da ceia, Jesus, sabendo que ia reconciliar todas as coisas pelo sangue a ser derramado na cruz, tomou o cálice com vinho. Ele vos deu graças novamente, e passou o cálice a seus amigos, dizendo:

TOMAI, TODOS, E BEBEI: ESTE É O CÁLICE DO MEU SANGUE, O SANGUE DA NOVA E ETERNA ALIANÇA, QUE SERÁ DERRAMADO POR VÓS E POR TODOS, PARA REMISSÃO DOS PECADOS. FAZEI ISTO EM MEMÓRIA DE MIM.

Eis o mistério da fé!

T: Anunciamos, Senhor, a vossa morte e proclamamos a vossa ressurreição. Vinde, Senhor Jesus!

CC.: Lembramo-nos de Jesus Cristo, nossa páscoa e certeza da paz definitiva. Hoje celebramos sua morte e ressurreição, esperando o dia feliz de sua vinda gloriosa. Por isso, vos apresentamos, ó Deus fiel, a vítima de reconciliação que nos faz voltar à vossa graça.
T: Esperamos, ó Cristo, vossa vinda gloriosa.

Olhai, com amor, Pai misericordioso, aqueles que atraís para vós, fazendo-os participar no único sacrifício do Cristo. Pela força do Espírito Santo, todos se tornem um só corpo bem unido, no qual todas as divisões sejam superadas.
T: Esperamos, ó Cristo, vossa vinda gloriosa.

1C.: Conservai-nos, em comunhão de fé e de amor, unidos ao Papa (N.) e ao nosso Bispo. (N.) Ajudai-nos a trabalhar juntos na construção do vosso reino, até o dia em que, diante de vós, formos santos com os vossos santos, ao lado da Virgem Maria e dos Apóstolos, com nossos irmãos e irmãs já falecidos que confiamos à vossa misericórdia.

Quando fizermos parte da nova criação, enfim libertada de toda maldade e fraqueza, poderemos cantar a ação de graças do Cristo que vive para sempre.
T: Esperamos, ó Cristo, vossa vinda gloriosa.

CP ou CC.: Por Cristo, com Cristo, em Cristo, a vós Deus Pai todo-poderoso, na unidade do Espírito Santo, toda a honra e toda a glória, agora e para sempre.
T: Amém!

Fonte: Liturgia Católica, 2018.

Legenda:
1C: concelebrante
CC: concelebrantes
CP: celebrante presidente
T: todos (assembleia)
N.: nome

2. Com relação à preocupação com a proporcionalidade do tempo que tem cada parte da celebração, como foi abordado no final do capítulo, lembre-se de algum exemplo que você já presenciou em que notou que uma parte da missa foi prolongada ou apressada demais. No que isso prejudicou a experiência dos fiéis?

Atividade aplicada: prática

1. Converse com algum padre que você conheça sobre as dificuldades que ele talvez enfrente para que a celebração de sua comunidade seja mais significativa, com uma participação mais ativa da assembleia e com maior expressividade nos sinais.

Palavras dos Santos Padres

Agora, irmãos, nós vos exortamos a que louveis a Deus: é isso o que todos nós mutuamente exprimimos, quando cantamos: *Aleluia*. Louvai o Senhor, diz um, louvai o Senhor, responde o outro. Mas louvai-O com todas as vossas forças, isto é, louvai a Deus não só com a língua e a voz, mas também com a vossa consciência, a vossa vida, as vossas ações. Na verdade, louvamos a Deus agora que nos encontramos reunidos na igreja; mas logo que voltamos para casa, parece que deixamos de louvar a Deus. Não deixes de viver santamente e louvarás sempre a Deus. Deixas de O louvar quando te afastas da justiça e do que Lhe agrada. Se nunca te desviares do bom caminho, ainda que se cale a tua língua, clamará a tua vida; e o ouvido de Deus estará perto do teu coração. Porque assim como os nossos ouvidos escutam as nossas palavras, assim os ouvidos de Deus escutam os nossos pensamentos. Em cada um dos nossos corações está sentado um mestre: se é bom, ordena coisas boas e são feitas, se é mau, manda fazer o mal e o mal é feito. Se é Cristo que ali está sentado, que pode ordenar senão o bem? Por isso, irmãos, não vos prendais apenas às palavras. Quando louvais a Deus, louvai-O em plenitude: cante a voz, cante a vida, cantem as ações.

(Agostinho de Hipona, citado por Cordeiro, 2015, n. 3244)

Quando te aproximas (para comungar), não o faças com as palmas das mãos estendidas, nem com os dedos separados, mas faz da tua mão esquerda um trono para a tua mão direita, uma vez que esta vai receber o Rei. Recebe o Corpo de Cristo na concavidade da tua mão e responde: *Amém*. Com todo cuidado, santifica então teus olhos pelo contato do Corpo sagrado e toma-o, procurando não perder nada.

(Cirilo de Jerusalém, citado por Cordeiro, 2015, n. 1893)

Somos verdadeiramente felizes, se pomos em pratica o que ouvimos e cantamos. De fato, o que ouvimos é a semente, e o que pomos em prática é o fruto da semente. Com esta introdução quero advertir a vossa caridade, para que não frequenteis a igreja de maneira infrutuosa, ouvindo tantas coisas boas e não praticando o bem [...].

(Agostinho de Hipona, citado por Cordeiro, 2015, n. 3607)

Vejo que muitos participam no Corpo de Cristo inconscientemente e de forma rotineira, mais por costume e por estar mandando do que por verdadeira consciência e reflexão. Quando chega o tempo da santa Quaresma ou o dia da Epifania, seja qual for o estado em que se encontrem, participam nos santos mistérios. Mas o tempo oportuno para o fazer não depende da época do ano, porque não é a Epifania nem a Quaresma que tornam alguém digno de se aproximar dos mistérios, mas sim a pureza e a sinceridade de alma [...].

Se vos falo assim, não é para que comungueis levianamente, mas para que estejais em condições de comungar. Não sois dignos do sacrifício da comunhão? Então também não sois dignos da oração.

(João Crisóstomo, citado por Cordeiro, 2015, n. 2644)

Comemora a tua fé, olha para dentro de ti. Seja para ti o teu Símbolo como um espelho. Olha-te nele, para ver se crês tudo o que declaras crer. E alegra-te cada dia na tua fé. Seja ela a tua riqueza, seja como que a roupa quotidiana da tua alma. Não te vestes quando te levantas? Pois do mesmo modo há de vestir a alma com a memória do Símbolo, não aconteça que a dispa o esquecimento [...]. A nossa veste será a nossa fé; a fé deve ser túnica e couraça [...]. Quando chegarmos ao lugar onde reinaremos, já não teremos necessidade de dizer o símbolo. Veremos a Deus; o próprio Deus será a nossa visão e a visão de Deus será então o prédio da fé atual.

(Agostinho de Hipona , citado por Cordeiro, 2015, n. 3649)

Depois, o diácono proclama: *Acolhei-vos uns aos outros e saudai-vos mutuamente*. Não suponhas que este beijo é como os que os amigos íntimos trocam entre si na praça pública. Este beijo não é assim. Ele une as almas e é para elas penhor de que todos os ressentimentos são esquecidos. Este beijo é sinal de que as almas se unem e afastam a lembrança de todo ressentimento [...]. Assim este beijo é reconciliação e, por isso, é santo.

(Cirilo de Jerusalém, citado por Cordeiro, 2015, n. 1875)

As faltas que por fraqueza humana nos sucedem, não devem levar-nos a interromper a nossa comunhão nos mistérios sagrados [...]. Do mesmo modo que aqueles que estão habituados a pecar não devem aproximar-se sem temor desta comunhão, também aqueles que se preocupam com a sua salvação devem aproximar-se para receber os santos mistérios, considerando que, assim como precisamos obrigatoriamente do alimento terrestre para alimentar esta vida, também, para a vida futura, a salvação realizada por Cristo, nosso Senhor, nos obterá, por dom divino, um alimento espiritual.

(Teodoro de Mopsuéstia, citado por Cordeiro, 2015, n. 2928)

O Evangelho é a boca de Cristo. Ele está sentado no Céu, mas não cessa de falar aqui na terra. Não sejamos surdos, porque Ele fala bem alto... Se não podes fazer o mais, faz o menos. Se os pesos grandes são excessivos para ti, pega nos mais pequenos [...].

(Agostinho de Hipona, citado por Cordeiro, 2015, n. 3663)

Mas não é pelo fato de nos reconhecermos pecadores que devemos abster-nos da comunhão dominical. Devemos antes, isso sim, preparar-nos cada vez com maior desejo para ela, a fim de aí encontrarmos a saúde da alma e a pureza do coração. Mas que seja com sentimentos de humildade e grande espirito de fé, julgando-nos indignos duma tal graça e procurando antes o remédio das nossas feridas. Se esperássemos a ocasião de ser digno, nem sequer faríamos a comunhão uma vez ao ano. Esta prática da comunhão anual é própria de muitos dos que vivem nos mistérios. Eles fazem-se uma tal ideia da dignidade, da santidade e da grandeza dos divinos mistérios, que acabam por pensar que só os santos e puros os devem receber, em vez de pensarem que, recebendo-os, são eles que nos tornam santos e puros. Os que assim pensam caem em maior presunção do que aquela que pretendem evitar, pois se julgam dignos de os receber uma vez por ano. É muito mais santo acreditar e confessar com humildade de coração que nunca nos podemos aproximar, por nossos méritos, daqueles santíssimos mistérios, recebendo-os cada domingo como remédio das nossas enfermidades, do que, cheios de vã presunção do coração, nos julgarmos dignos de participar neles uma vez por ano.

(João Cassiano , citado por Cordeiro, 2015, n. 4150a)

Considerações finais

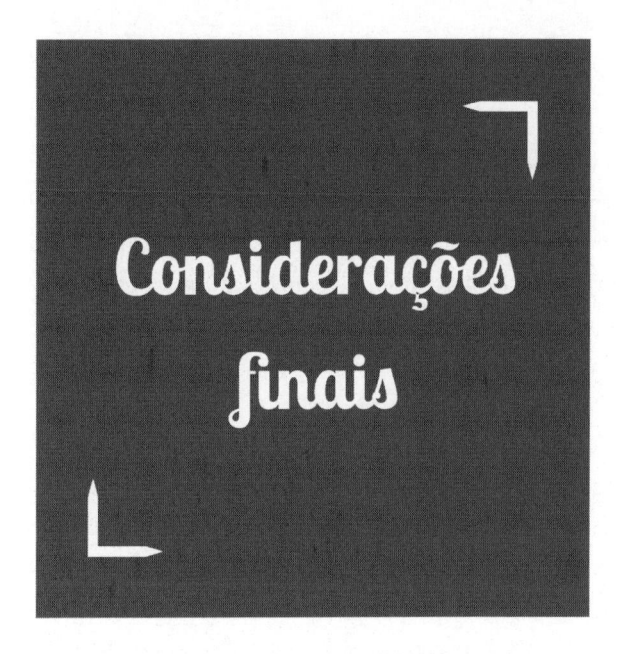

Dou-vos um conselho: o Evangelho que escutais na liturgia, voltai a lê-lo pessoalmente, em silêncio, e aplicai-o à vossa própria vida; e, com o amor de Cristo, recebido na sagrada Comunhão, podereis pô-lo em prática. O Senhor chama cada um de vós a trabalhar no seu campo; chama-vos a ser protagonistas alegres na sua Igreja, prontos para comunicar aos vossos amigos aquilo que Ele mesmo vos comunicou, de maneira especial a sua misericórdia.

(Papa Francisco, 2014a)

Gostamos de propor àqueles que exercem algum ministério litúrgico o exemplo de Maria. Mais especificamente, sua presença no casamento em Caná, quando intercedeu pelos noivos junto a Jesus.

O que é especialmente relevante nesse episódio, no que diz respeito ao que podemos aprender dele para o ministério, é que ele deixa evidente a unidade do coração de Maria. Sabemos que ela mantinha em sua interioridade uma relação constante com Deus, seu amado Pai, por meio do Espírito Santo, do qual ela estava repleta. Em outras palavras, ela fazia aquilo que faz o discípulo: orava sem cessar (1Ts 5,17).

Porém, isso não a impedia de ter um olhar atento às necessidades do próximo. Verdade seja dita, se a oração a impedisse de fazer isso, não seria verdadeira oração, mas palavrório sem qualquer relação com o Deus da vida.

Dessa forma, a mãe de Jesus enxergava as pessoas à sua volta com seu santo olhar de discípula e serva – e agia para suprir as necessidades dos seus filhos-irmãos e tornar presente o melhor dos vinhos: o amor de Deus. Sua relação com o Pai, assim, não passa à margem da materialidade da vida. Pelo contrário, com seu olhar pleno de sensibilidade sacramental, ela via naquilo que a rodeava os sinais de Deus-Amor.

Em Maria, vemos que contemplação e ação não se opõem. Isto é, evidentemente, uma lição para cada um de nós, na nossa vida do dia a dia, com a qual fecundamos o mundo com o Espírito Santo que nos foi derramado. É também, particularmente, um exemplo para aquele que está a serviço da liturgia. É comum observarmos duas tendências nas comunidades que prejudicam o verdadeiro serviço litúrgico. Uma delas é a de fazer tudo mecanicamente, como funcionários preocupados em deixar tudo certo, mas com o coração longe do espírito de oração e de comunhão que a liturgia requer. A outra, um pouco menos comum, é manter-se em um aparente espírito de oração, mas de forma distraída, descuidando-se do serviço e prejudicando, assim, a experiência litúrgica da comunidade.

Sejamos como Maria! Que nosso coração seja como o dela: em permanente contato com Deus e em constante atenção pelo próximo. Ela teve a atitude do Filho: entregou a Deus na oração e ao próximo no serviço. Uma vida, enfim, toda feita de entrega. Uma vida tornada liturgia.

Lista de siglas

CB	Cerimonial dos Bispos
CIC	Catecismo da Igreja Católica
DCE	Carta encíclica Deus Caritas Est, do Papa Bento XVI
EG	Exortação apostólica Evangelii Gaudium, do Papa Francisco
ELM	Elenco das Leituras da Missa
IGMR	Instrução Geral do Missal Romano
LF	Carta encíclica Lumen Fidei, do Papa Francisco
LG	Constituição dogmática Lumen Gentium, do Concílio Vaticano II
MR	Missal Romano
OMCP	Ordinário da missa com o povo
PG	Patrologia Grega
SC	Constituição conciliar Sacrosanctum Concilium, do Concílio Vaticano II
SCa	Exortação apostólica pós-sinodal Sacramentum Caritatis, do Papa Bento XVI
SCCM	A sagrada comunhão e o culto do mistério eucarístico fora da missa

SS Carta encíclica Spe Salvi, do Papa Bento XVI
ST Suma Teológica
VD Exortação apostólica pós-sinodal Verbum Domini, do Papa Bento XVI

Referências

ALDAZÁBAL, J. Comentários. In: SAGRADA CONGREGAÇÃO PARA O CULTO DIVINO. **Instrução geral sobre o Missal Romano**: comentários de J. Aldazábal. São Paulo: Paulinas, 2012.

AQUINO, T. **Suma Teológica**. São Paulo: Loyola, 2009. v. 3.

BÉGUERIE, P.; BEZANÇON, J.-N. **A missa de Paulo VI**: retorno ao coração da tradição. São Paulo: Paulus, 2016.

BENTO XVI, Papa. **Celebração Eucarística para a XXIII Jornada Mundial da Juventude**. Sidney, 20 de julho de 2008. Disponível em: <http://w2.vatican.va/content/benedict-xvi/pt/homilies/2008/documents/hf_ben-xvi_hom_20080720_xxiii-wyd.html>. Acesso em: 13 dez. 2018

_____. **Deus Caritas Est**. Roma, 25 de dezembro de 2005a. Disponível em: <http://w2.vatican.va/content/benedict-xvi/pt/encyclicals/documents/hf_ben-xvi_enc_20051225_deus-caritas-est.html>. Acesso em: 4 dez. 2018.

_____. **Encontro de Bento XVI com os párocos e o clero da Diocese de Roma no início da quaresma**. Roma, 22 de fevereiro de 2007a. Disponível em: <http://

w2.vatican.va/content/benedict-xvi/pt/speeches/2007/february/documents/hf_ben-xvi_spe_20070222_clergy-rome.html>. Acesso em: 6 dez. 2018.

BENTO XVI, Papa. **Sacramentum Caritatis**. Roma, 22 de fevereiro de 2007b. Disponível em: <http://w2.vatican.va/content/benedict-xvi/pt/apost_exhortations/documents/hf_ben-xvi_exh_20070222_sacramentum-caritatis.html>. Acesso em: 6 dez. 2018.

_____. **Santa Missa na Esplanada de Marienfeld**: homilia. Viagem apostólica a Colónia por ocasião da XX Jornada Mundial da Juventude. Colónia, 21 de agosto de 2005b. Disponível em: <http://w2.vatican.va/content/benedict-xvi/pt/homilies/2005/documents/hf_ben-xvi_hom_20050821_20th-world-youth-day.html>. Acesso em: 4 dez. 2018.

BOFF, L. **Os sacramentos da vida e a vida dos sacramentos**. Petrópolis: Vozes, 1975.

BOROBIO, D. **A dimensão estética da liturgia**: arte sagrada e espaços para celebração. São Paulo: Paulus, 2010.

_____. **Celebrar para viver**: liturgia e sacramentos da Igreja. São Paulo: Loyola, 2009.

BUYST, I. **O segredo dos ritos**: ritualidade e sacramentalidade da liturgia cristã. São Paulo: Paulinas, 2011.

_____. **Pão e vinho para nossa ceia com o Senhor**. São Paulo: Paulinas, 2005.

_____. **Participar da liturgia**. São Paulo: Paulinas, 2012.

BUYST, I.; SILVA, J. A. da. **O mistério celebrado**: memória e compromisso I. São Paulo: Paulinas; Valência: Siquem, 2003.

CASTELLANO, J. **Liturgia e vida espiritual**: teologia, celebração, experiência. São Paulo: Paulinas, 2008.

CATECISMO DA IGREJA CATÓLICA. Roma, 11 de outubro de 1992. Disponível em: <http://www.vatican.va/archive/cathechism_po/index_new/prima-pagina-cic_po.html>. Acesso em: 6 dez. 2018.

CELAM – Conselho Episcopal Latino-Americano. **Manual de liturgia**: a celebração do mistério pascal – introdução à celebração litúrgica. São Paulo: Paulus, 2004. v. 1.

_____. **Manual de Liturgia**: a celebração do mistério Pascal – fundamentos teológicos e elementos constitutivos. São Paulo: Paulus, 2005. v. 2.

CNPL – Centre National de Pastorale Liturgique (França). **A arte de celebrar: guia pastoral**. Brasília: CNBB, 2015. (Coleção Vida e Liturgia da Igreja, v. 3).

CONFERÊNCIA EPISCOPAL PORTUGUESA. Comissão Episcopal de Liturgia. **Cerimonial dos bispos**. 3. ed. Lisboa: Conferência Episcopal Portuguesa, 2010. Disponível em: <http://www.liturgia.pt/files/livros/CerimBisp.pdf>. Acesso em: 10 dez. 2018.

CONGREGAÇÃO PARA A DOUTRINA DA FÉ. **Carta circular aos presidentes das conferências episcopais sobre o uso do pão com pouca quantidade de glúten e do mosto como matéria eucarística**. Cidade do Vaticano, 24 de julho de 2003. Disponível em: <http://www.vatican.va/roman_curia/congregations/cfaith/documents/rc_con_cfaith_doc_20030724_pane-senza-glutine_po.html>. Acesso em: 10 dez. 2018.

CONGREGAÇÃO PARA O CULTO DIVINO E A DISCIPLINA DOS SACRAMENTOS. **In Missa In Cena Domini**. Roma, 6 de janeiro de 2016. Disponível em: <http://www.vatican.va/roman_curia/congregations/ccdds/documents/rc_con_ccdds_doc_20160106_decreto-lavanda-piedi_po.html>. Acesso em: 14 dez. 2018.

_____. **Instrução geral do missal romano**. 3. ed. Roma, 2002. Disponível em: <http://www.clerus.org/clerus/dati/2007-11/23-13/01MISSALROMANO.html>. Acesso em: 6 dez. 2018.

CORDEIRO, J. de L. (Org.). **Antologia litúrgica**: textos litúrgicos, patrísticos e canónicos do primeiro milénio. Fátima: Secretariado Nacional de Liturgia, 2015.

CVII – CONCÍLIO VATICANO II. **Discurso de Sua Santidade Papa João XXIII na abertura solene do ss. Concílio**. Roma, 11 de outubro de 1962. Disponível em: <http:/w2.vatican.va/content/john-xxiii/pt/speeches/1962/documents/hf_j-xxiii_spe_19621011_opening-council.html>. Acesso em: 6 dez. 2018.

_____. **Sacrosanctum Concilium**. Roma, 4 de dezembro de 1963. Disponível em: <http://www.vatican.va/archive/hist_councils/ii_vatican_council/documents/vat-ii_const_19631204_sacrosanctum-concilium_po.html>. Acesso em: 4 dez. 2018.

DOTRO, R. P.; HELDER, G. G. **Dicionário de liturgia**. São Paulo: Loyola, 2006.

FLORENSKIJ, P. A. **La colonna e il fondamento della verità**: saggio di teodiceia ortodossa in dodici lettere. Milão: Mimesis, 2012.

FRANCISCO, Papa. **Audiência geral**. Roma, 8 de novembro de 2017. Disponível em: <http://w2.vatican.va/content/francesco/pt/audiences/2017/documents/papa-francesco_20171108_udienza-generale.html>. Acesso em: 6 dez. 2018.

_____. _____. Roma, 3 de janeiro de 2018a. Disponível em: <http://w2.vatican.va/content/francesco/pt/audiences/2018/documents/papa-francesco_20180103_udienza-generale.html>. Acesso em: 13 dez. 2018.

_____. _____. Roma, 10 de janeiro de 2018b. Disponível em: <http://w2.vatican.va/content/francesco/pt/audiences/2018/documents/papa-francesco_20180110_udienza-generale.html>. Acesso em: 13 dez. 2018.

_____. _____. Roma, 14 de fevereiro de 2018c. Disponível em: <http://w2.vatican.va/content/francesco/pt/audiences/2018/documents/papa-francesco_20180214_udienza-generale.html>. Acesso em: 13 dez. 2018.

_____. _____. Roma, 28 de fevereiro de 2018d. Disponível em: <http://w2.vatican.va/content/francesco/pt/audiences/2018/documents/papa-francesco_20180228_udienza-generale.html>. Acesso em: 13 dez. 2018.

_____. _____. Roma, 7 de março de 2018e. Disponível em: <http://w2.vatican.va/content/francesco/pt/audiences/2018/documents/papa-francesco_20180307_udienza-generale.html>. Acesso em: 13 dez. 2018.

FRANCISCO, Papa. **Audiência geral**. Roma, 14 de março de 2018f. Disponível em: <http://w2.vatican.va/content/francesco/pt/audiences/2018/documents/papa-francesco_20180314_udienza-generale.html>. Acesso em: 22 ago. 2018.

_____. _____. Roma, 21 de março de 2018g. Disponível em: <http://w2.vatican.va/content/francesco/pt/audiences/2018/documents/papa-francesco_20180321_udienza-generale.html>. Acesso em: 13 dez. 2018.

_____. **Discurso do Papa Francisco aos participantes na 68ª semana litúrgica nacional**. Roma, 24 de agosto de 2017. Disponível em: <http://w2.vatican.va/content/francesco/pt/speeches/2017/august/documents/papa-francesco_20170824_settimana-liturgica-nazionale.html>. Acesso em: 12 dez. 2018.

_____. Discurso do Santo Padre. In: _____. **Encontro do Papa Francisco com manifestantes alemães**. Roma, 5 de agosto de 2014a. Disponível em: <https://

w2.vatican.va/content/francesco/pt/speeches/2014/august/documents/ papa-francesco_20140805_ministranti-tedeschi.html>. Acesso em: 14 dez. 2018.

FRANCISCO, Papa. **Evangelii gaudium**. Roma, 24 de novembro de 2013. Disponível em: <https://m.vatican.va/content/dam/francesco/pdf/apost_exhortations/ documents/papa-francesco_esortazione-ap_20131124_evangelii-gaudium_ po.pdf>. Acesso em: 13 dez. 2018.

_____. **Lumen Fidei**. Roma, 29 de junho de 2013. Disponível em: <http://w2.vatican. va/content/francesco/pt/encyclicals/documents/papa-francesco_20130629_ enciclica-lumen-fidei.html>. Acesso em: 4 dez. 2018.

_____. Na missa sem relógio: meditações matutinas na santa missa celebrada na capela da Domus Sanctae Marthae. **L'Osservatore Romano**, n. 7, 13 fev. 2014b. Disponível em: <https://w2.vatican.va/content/francesco/pt/cotidie/2014/ documents/papa-francesco_20140213_meditazioni-36.html>. Acesso em: 4 dez. 2018.

GRILLO, A. **Ritos que educam**: os sete sacramentos. Brasília: CNBB, 2017. (Vida e Liturgia da Igreja).

GUARDINI, R. **Os sinais sagrados**. São Paulo: Quadrante, 1993.

JOHNSON, C.; JOHNSON, S. **O espaço litúrgico da celebração**: guia litúrgico prático para a reforma das igrejas no espírito do Concílio Vaticano II. São Paulo: Loyola, 2006.

JUNGMANN, J. A. **Missarum Sollemnia**: origens, liturgia, história e teologia da missa romana. São Paulo: Paulus, 2008.

JUST, F. An Overview of the First Readings for Weekday Masses. 2009. Disponível em: <http://catholic-resources.org/Lectionary/Overview-FirstReadings-Weekdays. htm>. Acesso em: 10 dez. 2018.

KOLLER, F. S. **Tocados pelo mistério de Deus-Amor**: uma introdução à liturgia. Curitiba: InterSaberes, 2018.

LIBANIO, J. B. **Como saborear a celebração eucarística?** São Paulo: Paulus, 2005.

LITURGIA CATÓLICA. **Oração Eucarística VII**. Tradução da Conferência Portuguesa. Disponível em: <https://www.liturgiacatolica.com/oracao-eucaristica-vii. html>. Acesso em: 17 dez. 2018.

PASTORAL DO ISI – BELO HORIZONTE (Org.). **Canta, povo de Deus.** São Paulo: Loyola, 1997.

PASTRO, C. **Guia do espaço sagrado.** São Paulo: Loyola, 2014.

PAULO VI, Papa. **Discorso di Paolo VI ai partecipanti al Convegno dei Rappresentanti delle Commissioni Diocesane di Liturgia e di Arte Sacra in Italia.** Roma, 4 de janeiro de 1967. Disponível em: <https://w2.vatican.va/content/paul-vi/it/speeches/1967/january/documents/hf_p-vi_spe_19670104_commissioni-diocesane.html>. Acesso em: 6 dez. 2018.

_____. **Lumen Gentium.** Roma, 21 de novembro de 1964. Disponível em: <http://www.vatican.va/archive/hist_councils/ii_vatican_council/documents/vat-ii_const_19641121_lumen-gentium_po.html>. Acesso em: 6 dez. 2018.

RATZINGER, J. **Dogma e anúncio.** São Paulo: Loyola, 2007.

_____. **Introdução ao cristianismo:** preleções sobre o símbolo apostólico. São Paulo: Loyola, 2015.

SAGRADA CONGREGAÇÃO PARA O CULTO DIVINO. **A sagrada comunhão e o culto do mistério eucarístico fora da missa.** São Paulo: Paulus, 2000.

_____. **Cerimonial dos Bispos.** São Paulo: Paulus, 2001.

_____. **Missal Romano.** São Paulo: Paulus, 1997.

_____. **Palavra do Senhor:** lecionário dominical. São Paulo: Paulus, 1998. v. 1: A-B-C.

TAFT, R. F. **A partire dalla liturgia:** perché è la liturgia che fa la Chiesa. Roma: Lipa, 2004.

TERESA DE JESUS, Santa. As fundações. In: GALACHE, G. C. (Dir.). **Teresa de Jesus:** obras completas. São Paulo: Loyola, 1995. p. 589-774.

ZEZINHO, Padre. **Catequese dos sinais:** a fé que vem pelos olhos. Aparecida: Catholicus, 2017.

Bibliografia comentada

BÉGUERIE, P.; BEZANÇON, J.-N. **A missa de Paulo VI**: retorno ao coração da tradição. São Paulo: Paulus, 2016.
Bastante sintético, esse livro explora a riqueza da reforma litúrgica do Concílio Vaticano II, entendendo-a plenamente como restauração da liturgia romana dos primeiros séculos. Assim, enfatiza a herança hebraica da liturgia cristã e as principais mudanças em relação à forma pré-conciliar do rito romano.

BUYST, I. **O segredo dos ritos**: ritualidade e sacramentalidade da liturgia cristã. São Paulo: Paulinas, 2011.
Nesse livro, Ione Buyst nos conduz para o interior da estrutura sacramental da liturgia, aprofundando o processo comunicativo que os sinais sensíveis estabelecem na celebração. O texto levanta diversas reflexões sobre a experiência litúrgica das comunidades e dá indicações para uma formação litúrgica que seja realmente integral.

BUYST, I. **Participar da liturgia**. São Paulo: Paulinas, 2012.

Esse pequeno e acessível volume introduz o leitor na questão da participação ativa de toda a comunidade na celebração litúrgica, relacionando-a com outras reflexões pertinentes sobre a experiência litúrgica como um todo.

CORDEIRO, J. de L. (Org.). **Antologia litúrgica**: textos litúrgicos, patrísticos e canónicos do primeiro milénio. Fátima: Secretariado Nacional de Liturgia, 2015.

Essa coletânea organizada pelo Secretariado Nacional de Liturgia de Portugal reúne mais de 700 textos produzidos no primeiro milênio cristão que abordam temas relacionados à liturgia. Uma fonte de referência excelente.

GRILLO, A. **Ritos que educam**: os sete sacramentos. Brasília: CNBB, 2017. (Vida e Liturgia da Igreja).

O teólogo Andrea Grillo vai a fundo na centralidade da liturgia na vida da Igreja, defendendo a necessidade dos ritos para que possamos entrar na vida em Cristo. Desde esse ponto de vista, que sublinha a importância de uma educação ritual, ele comenta um a um cada sacramento.

LIBANIO, J. B. **Como saborear a celebração eucarística?** São Paulo: Paulus, 2005.

Nesse pequeno volume, o teólogo J. B. Libanio percorre cada parte da celebração eucarística, buscando inserir-nos no mistério celebrado aprofundando o significado dos gestos, sinais e ritos que o compõem.

Apêndices

Apêndice 1

A celebração da Semana Santa

Em meio a todo o calendário litúrgico, sobressai-se o Tríduo Pascal, a mais importante comemoração da Igreja. Nele, revivemos de maneira especial o cerne do mistério de Cristo, isto é, sua paixão, morte e ressurreição. Trata-se de uma só grande celebração que acontece em três partes: a Quinta-Feira na Ceia do Senhor, a Paixão do Senhor e a Vigília Pascal. Não faz muito sentido, por isso, participar apenas de uma delas sem comparecer às outras. O ideal é que as três partes aconteçam com a mesma comunidade, no mesmo local, com o mesmo presidente.

A palavra *tríduo* refere-se aos três dias que compõem o evento – contados, porém, não à maneira ocidental, mas à maneira hebraica, própria da liturgia, que considera cada dia entre o pôr do sol de um dia ocidental ao pôr do sol do dia seguinte. Assim, trata-se de três celebrações em três dias, mas não uma em cada dia. O Sábado Santo, no qual recordamos o sepulcro de Jesus, configura-se assim como o único dia alitúrgico – não litúrgico – de cada ano. Vejamos no quadro a seguir como acontece a configuração dos dias e das celebrações.

Quadro A – Dias e celebrações do Tríduo Pascal

Dia (contagem hebraica)	Dia (contagem ocidental)	Celebração
Sexta-feira	Quinta-feira (noite)	Ceia do Senhor
	Sexta-feira	Paixão do Senhor (à tarde)
Sábado		(Dia alitúrgico)
	Sábado	
Domingo		Vigília Pascal
	Domingo (manhã e tarde)	Inicia-se o Tempo Pascal

Chamamos a semana em que ocorre o Tríduo Pascal de *Semana Santa*. Ela tem início com o Domingo de Ramos e da Paixão do Senhor, que ocorre uma semana depois do V Domingo da Quaresma.

As celebrações do Domingo de Ramos, da Ceia do Senhor, da Paixão do Senhor e da Vigília Pascal têm uma série de peculiaridades em relação às outras realizadas durante o ano. Por isso, convém conhecer como se desenrolam os ritos desses dias.

O Domingo de Ramos e da Paixão do Senhor

Esse domingo recorda a entrada de Jesus em Jerusalém na semana de sua paixão, em cuja memória usam-se paramentos vermelhos. Na missa principal de uma comunidade, a liturgia desse dia se caracteriza por ter início fora da igreja, em um local apropriado – uma igreja próxima, uma praça ou outro espaço. Em caso de necessidade, a celebração se inicia dentro da igreja, mas fora do presbitério, ainda que em lugar visível para a maioria dos presentes.

Os fiéis trazem ramos nas mãos e os bispos e os presbíteros podem usar o pluvial, trocando-o pela casula ao chegar ao presbitério. O rito que tem lugar fora da igreja é formado por uma introdução ao tema da celebração, uma oração e a proclamação do Evangelho que narra a entrada de Jesus em Jerusalém, conforme o ano litúrgico correspondente. Pode-se fazer uma breve homilia e em seguida dá-se início à procissão, à frente da qual vão o incenso e a cruz, ornamentada com ramos, entre dois ceroferários.

Chegando-se ao presbitério, pode-se incensar o altar. Em seguida, faz-se a oração do dia e passa-se à Liturgia da Palavra. O Evangelho é o da Paixão e pode ser lido por leigos, reservando-se as falas de Jesus para o presidente da celebração. Não se usam velas nem incenso para o Evangelho nesse dia. O restante da celebração prossegue normalmente.

A Quinta-Feira na Ceia do Senhor

Para a memória da instituição da Eucaristia, dá-se início à celebração já com o sacrário vazio. Deve-se prever, portanto, que, além da comunhão para os fiéis nessa mesma missa, deve ser preparada a comunhão para o dia seguinte.

As peculiaridades da celebração começam pelo hino *Glória*: durante o canto e a partir dele, não se tocam os sinos onde houver esse costume, até a Vigília Pascal. Para a consagração, as campainhas, onde for costume usá-las, não são utilizadas, podendo ser substituídas pelas matracas, artefatos de madeira que fazem um barulho seco, sóbrio.

Após a homilia, realiza-se o rito do lava-pés, durante o qual o presidente da celebração lava os pés de doze pessoas. De preferência, o presidente depõe a casula para esse rito. Pode-se, ainda, usar o gremial, uma espécie de avental de uso litúrgico. Em muitos lugares há também o costume de que o presidente troque a estola sacerdotal por uma diaconal nesse momento, o que é bem significativo, devido à dimensão de serviço do ministério diaconal. As pessoas escolhidas para representar os apóstolos nesse rito devem constituir um "grupo de fiéis que sejam representantes da variedade e da unidade de cada porção do povo de Deus. Tal grupo poderá ser constituído por homens e mulheres, e de modo conveniente, por jovens e idosos, pessoas sãs ou doentes, clero, consagrados ou leigos" (Congregação para o Culto Divino e a Disciplina dos Sacramentos, 2016). É muito bonito quando esse grupo manifesta verdadeiramente a diversidade do povo de Deus, em vez de sempre contar com pessoas com o mesmo perfil. Para isso, deve-se também evitar escolher apenas pessoas engajadas na paróquia.

Ao término da distribuição da comunhão, deixa-se a reserva eucarística para o dia seguinte em um ou mais cibórios, sobre o altar, e conclui-se a missa com a oração depois da comunhão. Em seguida, o presidente ajoelha-se diante do Santíssimo Sacramento e o incensa. Com o véu umeral, toma o cibório – escondendo-o com o véu e não o portando como um ostensório. Então, faz-se uma procissão até o lugar em que o Santíssimo Sacramento será conservado até o dia seguinte. Nessa procissão, ao contrário de como é costume, a cruz precede o incenso, que vai imediatamente à frente do Santíssimo Sacramento.

No local da reposição, incensa-se novamente a reserva eucarística, depois de colocá-la em um sacrário. Em seguida, este é fechado e todo o povo permanece em adoração silenciosa por alguns momentos. Não há despedida nessa celebração. Após a oração depois da comunhão, tira-se a toalha e toda espécie de ornamento, como flores do altar. Tiram-se ainda as cruzes e velam-se as que não podem ser tiradas. O templo toma um aspecto de luto, de desnudamento.

A Sexta-Feira da Paixão do Senhor

Essa celebração é bem diferente de todas as outras, a começar pelo fato de que não é uma celebração eucarística, uma missa. Trata-se de um rito que consta de três partes: a Liturgia da Palavra, a adoração da cruz e a comunhão eucarística.

A celebração começa sem saudação e sem canto, com o presidente prostrando-se ou ajoelhando-se, em silêncio, diante do altar. Em seguida, da sede, pronuncia a oração do dia, sem dizer "oremos". O Evangelho é o da Paixão e faz-se como no Domingo de Ramos. À Palavra ouvida e meditada, o povo responde, por intermédio do presidente, com a oração universal. A celebração precisa ocorrer em um ambiente de silêncio e profundo recolhimento, sem o qual a oração universal, que não é um rito curto, corre o risco de ser banalizada.

Chega-se então ao momento da adoração da cruz, que pode entrar ladeada por velas em procissão pela nave nas mãos de um ministro ou ser apresentada já no altar, coberta por um véu da cor litúrgica, o vermelho, que é retirado à medida que se canta a antífona. Em ambos os casos, o ministro entoa três vezes a antífona: "Eis o lenho da cruz, do qual pendeu a salvação do mundo", à qual o povo responde: "Vinde, adoremos!". A cruz é então colocada à entrada do presbitério, ladeada por castiçais. Faz-se então a adoração da cruz: cada fiel, começando pelos ministros, aproxima-se da cruz e faz um gesto apropriado de veneração, como a genuflexão ou um beijo.

Deve-se usar apenas uma cruz, a fim de abreviar o tempo da adoração. Caso o número de fiéis seja realmente muito grande, faz-se um momento comum de adoração em silêncio e deixa-se o gesto pessoal de cada um para o fim da celebração.

Para o rito da comunhão, coloca-se uma toalha e o corporal sobre o altar e traz-se o Santíssimo Sacramento do sacrário de reposição, acompanhado de duas velas, que são colocadas junto ao altar. Faz-se o rito da comunhão normalmente (segundo o modelo do rito da comunhão fora da missa, isto é, sem o rito da paz).

Distribuída a comunhão, guarda-se a reserva eucarística – que deve ser mínima, já que a comunhão só pode ser dada como viático durante o Sábado Santo – em um lugar apropriado que seja privado.

A celebração termina com a oração depois da comunhão e a oração sobre o povo. Todos se retiram em silêncio e o altar é novamente desnudado.

A Vigília Pascal

A Vigília Pascal é o momento mais importante do ano litúrgico, a noite da salvação, a mais santa de todas as noites. A sua celebração, assim como a de todo o Tríduo Pascal, deve ser a mais bem preparada possível. Ela é constituída por quatro partes: a Celebração da Luz, a Liturgia da Palavra, a Liturgia Batismal e a Liturgia Eucarística.

A Celebração da Luz tem lugar fora da igreja, ao redor de uma fogueira. Começa com uma introdução ao tema da celebração e com a bênção do fogo, com o qual é aceso o círio pascal. A assembleia se dirige em procissão até à igreja, precedida pelo incenso e pelo círio, que é portado pelo diácono ou, em sua ausência, pelo presbítero. À porta da igreja, todos acendem suas velas no fogo do círio e entram na igreja.

O círio é colocado no centro do presbitério ou próximo ao ambão. Nesse momento, podem-se acender algumas das luzes da igreja. É significativo deixar o acendimento para o Glória, usando, antes disso, apenas uma luz para os leitores. O diácono pede a bênção ao presbítero, incensa o círio e o livro que contém a proclamação da Páscoa e, do ambão ou do púlpito, canta-a. O próprio presbítero faz tudo isso na ausência do diácono, ou pelo menos a incensação, deixando a proclamação para um cantor.

Terminada a proclamação da Páscoa, dá-se início à Liturgia da Palavra. Nessa celebração, ela consta de sete leituras do Antigo Testamento, mais duas do Novo, incluindo o Evangelho. Pode-se diminuir o número de leituras, mas tendo-se em conta que a memória da história da salvação por meio da escuta da Palavra é o principal elemento da Vigília Pascal. Por isso, deve ser um momento planejado de modo especial, com leitores bem preparados, sem pressa e com um ambiente que favoreça a escuta. Depois de cada leitura do Antigo Testamento, há um salmo ou um cântico e uma oração. Em seguida, canta-se o Glória, que também é seguido de uma oração. Vem então a leitura de uma carta do Novo Testamento, do Aleluia e do Evangelho, que não é acompanhado de velas nessa celebração, mas apenas do incenso.

Depois da homilia, começa a Liturgia Batismal. É extremamente conveniente que se siga a antiquíssima tradição de batizar os catecúmenos nessa noite. De qualquer modo, com ou sem batismo, faz-se sempre a bênção da água batismal, a renovação das promessas do batismo e a aspersão, nessa ordem. Se há batismos, eles acontecem logo após a bênção da água batismal. Em seguida, faz-se a oração dos fiéis, com a participação dos neófitos. Depois, a Liturgia Eucarística se desenrola normalmente, da maneira como convém a uma celebração solene.

Apêndice 2
Rito da exposição e da bênção eucarística

A adoração a Cristo, nosso Senhor, presente no Santíssimo Sacramento, e a subsequente bênção com a espécie eucarística são ritos estreitamente ligados à missa. Afinal, a presença de Cristo no sacramento decorre, evidentemente, da celebração eucarística.

O rito para a exposição e a bênção eucarística foi revisto, como parte da reforma litúrgica empreendida pelo Concílio Vaticano II, em 1973, quando se publicou um ritual chamado *A Sagrada Comunhão e o culto do mistério eucarístico fora da missa*.

Antes de falarmos sobre o rito, vale ressaltar uma norma sobre a qual esse ritual é taxativo: "Proíbe-se a exposição feita unicamente para dar a bênção" (SCCM, n. 89). Assim, a Igreja deixa claro que o foco está no momento prolongado de adoração, e não na bênção. Na adoração eucarística, nós "prolongamos a união obtida ao comungar" (SCCM, n. 81). É um momento de profunda oração, com o traço característico de estarmos diante do sinal sacramental da presença do Senhor.

A exposição do Santíssimo Sacramento pode ser realizada tanto por um ministro ordenado quanto por um ministro extraordinário. Distinguem-se dois tipos de exposição, a solene e a simples. Na solene, utiliza-se o ostensório e o incenso. Na simples, utiliza-se o cibório e o uso de incenso é facultativo. Em ambas, deve-se preparar o corporal sobre o altar e ao menos duas velas. O ministro então traz o pão consagrado e, enquanto se entoa um canto apropriado, coloca-o sobre o altar, no cibório ou no ostensório. Em seguida, se for o caso, ajoelha-se e incensa o Santíssimo Sacramento, com três ductos.

Se a exposição for ao fim da celebração eucarística, omitem-se os ritos finais. Além disso, usa-se uma hóstia consagrada naquela mesma celebração. Durante a exposição, seja ela mais breve – mas nunca breve demais –, seja mais prolongada, deve-se dedicar tempo suficiente à escuta da Palavra de Deus, a cantos e a preces e ao silêncio.

A bênção eucarística pode ser dada apenas por um ministro ordenado. Se a exposição for feita por um ministro extraordinário, deve-se ao fim apenas repor o Santíssimo Sacramento no sacrário. Para a bênção, o ministro se aproxima ao fim da adoração, paramentado com túnica e estola branca – e, se a bênção for solene, pluvial branco –, e ajoelha-se diante do Santíssimo Sacramento. Canta-se então um hino eucarístico, geralmente o *Tão Sublime*, mas pode ser outro. Se for usado incenso, o ministro incensa o Sacramento durante o canto.

Em seguida, ele fica de pé e faz uma das orações previstas no ritual (SCCM, n. 98). Então, coloca o véu umeral, aproxima-se do Santíssimo Sacramento, genuflete, toma o ostensório ou o cibório e traça com ele o sinal da cruz, sem nada dizer. Logo em seguida, repõe-se o Santíssimo Sacramento no sacrário, enquanto se canta. É costume, em muitos lugares do Brasil, que se faça entre e bênção e a reposição uma série de louvores e a oração pela Igreja e pela pátria, mas não há qualquer obrigatoriedade nisso.

No quadro a seguir, em resumo, são apresentados os elementos que diferenciam a exposição simples da solene.

Quadro B – Elementos da exposição simples e solene do Santíssimo Sacramento

Exposição simples	Exposição solene
Uso facultativo do incenso	Usa-se incenso
Cibório	Ostensório
Não se usa pluvial para a bênção	Usa-se pluvial para a bênção

Respostas

Capítulo 1
1. c
2. a
3. a
4. d
5. b

Capítulo 2
1. c
2. a
3. d
4. b
5. d

Capítulo 3
1. d
2. c
3. b
4. a
5. b

Sobre o autor

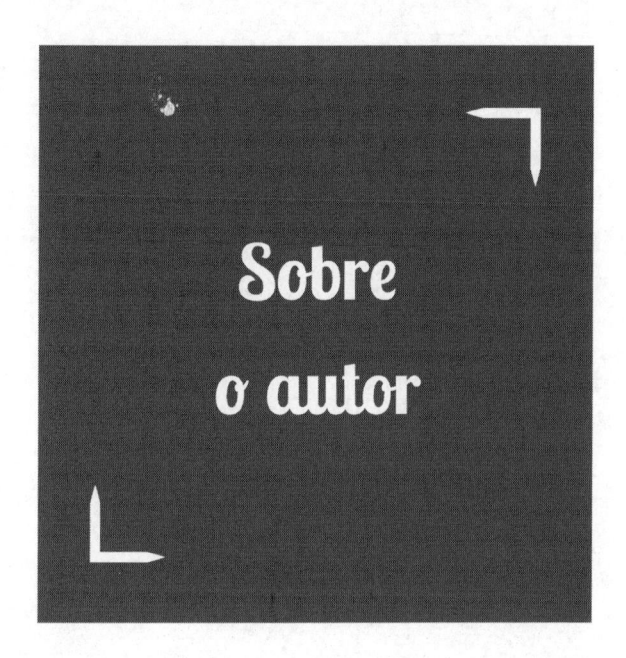

Felipe Sérgio Koller é mestre e doutorando em Teologia pela Pontifícia Universidade Católica do Paraná (PUC-PR), além de bacharel em Filosofia e jornalista. É professor do curso de bacharelado em Teologia do Centro Universitário Internacional (Uninter), na modalidade de educação a distância (EaD). Atua pastoralmente na formação para o exercício de ministérios litúrgicos desde 2007, na Diocese de São José dos Pinhais (PR). É autor de *Tocados pelo mistério de Deus-Amor: uma introdução à liturgia* (InterSaberes, 2018). Mantém no *site* do jornal *Gazeta do Povo* o *blog* Acreditamos no amor, no qual aborda assuntos ligados à vida da Igreja.

Impressão:
Janeiro/2019